あなたの人生に奇跡をもたらす
和の成功法則

小野寺 潤

サンマーク
文庫

文庫化にあたって

２０１６年に『和の成功法則』を上梓してからもう7年近くの歳月が経ちました。当初はまさかこのようなロングセラーになるとは予想もしておらず、数は少なくともご縁のある方に一人でも多く読んでいただけたら幸い、と考えていました。けれども、日本人の遺伝子に眠る世界に働きかけるものがあったのでしょうか。おかげさまで文庫化の運びとなりうれしく感じています。

こうした時間の流れの中で２０２１年に、師であった七澤賢治先生が高天原に旅立たれ、私が使っていたペンネーム「大野靖志」も、本名の「小野寺潤」に改めることとなりました。「守破離」を実践せよとは先師の遺言でもあったわけですが、現在はこれまでの教えを内に秘めながらも、本書で紹介している白川神道以前の世界、そしてかつて利用したテクノロジーを超える最先端かつ未知の科学を、研究者の仲間たちと引き続き探求しています。

しかし、時代をどこで切ろうが本書で紹介している「祓《はら》い・鎮魂・言霊《ことだま》」の大切さは変わりません。現代風に表現すると「心を清らかにして、その状態をブレなく保ち、自分の言葉で素晴らしい現実を作っていく」ということになるでしょうか。ただし、このどれかではなく、これら三つが揃《そろ》って初めて然《しか》るべき効力を発揮する、というところが大事なポイントです。一見すると、とても簡単で当たり前のことを言っているように思えますが、ヒトがヒトとして後悔なく生きる道を、これほどまで明快に凝縮した教えは、世界でもあまり類を見ないのではないでしょうか。

では、日本人がそれをいつから実践していたのかを調べてみますと、遅くとも縄文時代からということがわかっています。弥生時代に入ってからは禊という概念も生まれ、今の日本人の源流といわれるやまと族、すなわち倭人海人族が航海をする際、住吉神社などで儀式が行われていたことが記録に残されています。基本的な作法は、船に乗り込む際には必ず禊祓いをすること、そして陸にいた時の過去を持ち込まないこと。上陸時には浜辺で禊祓いをし、海で起こった過去を陸に持ち込まないこと、とされていたようです。

そうした先人たちの叡智《えいち》は現代では失われているかに見えますが、決してそうではありません。途中でなくなったにせよ、戦後意図的に消されたにせよ、私たちの遺伝子の古い記憶に目に見えない形で残されているのです。ただ、それだけでは眠ったまま終わります。それを引き出すのが本書の役割かもしれません。どの時代にあっても古くならないこの教えの妙諦を読者の皆様に味わっていただければ、著者としてこれ以上の喜びはありません。

流すだけでお祓いができる！　祓詞解説

音源制作者：ＹＵＧＩ　株式会社七沢研究所*

単行本刊行時の付録ＣＤに収録した音源を、このＱＲコードからダウンロードできます。

収録音源解説

トラック１：４つの祓詞（１倍速）　30分55秒
トラック２：４つの祓詞（５倍速）　６分23秒

この音源は、神道で継承されてきた数々の祓詞《はらいことば》のなかで、**もっとも祓いの力を発揮する４つの祓詞**（**三種祓**《さんしゅのはらい》**、身禊祓**《みそぎはらい》**、大祓**《おおはらい》**、一二三祓**《ひふみのはらい》）を収録したものです。これらの祓詞は、あなたとあなたのいる空間を清め、**負のエネルギーを一気に浄化し、「空**《くう》**」の状態**にしていきます。

祓詞は、コンピュータで合成された「ボーカロイド音声」が唱えています。人の声には、その人自身の念やエネルギーが乗ってしまうという性質がありますが、その点、感情も体調の変化も影響しない**ボーカロイド音声は、最良の形で祓詞による浄化の力を、純粋に発揮することができます。**

また音声には、言語エネルギー研究所・七沢研究所で研究開発された特定の周波数（ロゴストロン周波数）をミックスし、**祓詞が最適な効果を発揮するよう、特殊加工**をほどこしています。

使い方

- 音源は毎日好きなだけ聴いてください。ＢＧＭにしてもかまいません。
- 音が聞こえなくても、電気信号としてエネルギーが発信されるため、音量ゼロでも効果は変わりません。
- 音源をパソコンやスマートフォンなどお好きな音声再生装置にダウンロードしてください。効果はどれでも変わりません。
- 時間のない方はトラック２の「５倍速」を聴いてください。トラック１の「１

倍速」とほぼ同等の作用が得られます。

効果

4つの祓詞を再生することで、あらゆる祓いが網羅され、加速度的に運命が開けます。**神社で受けるお祓いと同じ作用**があり、一瞬ごとに空間のエネルギーが高速で根こそぎ祓われていくでしょう。現実を自由自在に作れる土壌が整い、その結果、つぎのような効果がもたらされます。

- **シンクロニシティ（共時性）やセレンディピティ（幸運な偶然の発見）がつぎつぎと起こりはじめ、チャンスや人間関係に恵まれる**
- **ネガティブな感情が消え、常に安心感に満たされるようになる**
- **トラブルやアクシデントが起きても、あわてることなく冷静に対処できる**
- **自分自身の使命を生きられるようになる**

最強の4つの祓詞とは？

❖**三種祓**……先祖に感謝し、その存在を慰める祓詞。先祖の影響をすべて祓い、あなたの人生がスムーズに進むようにしてくれます。

❖**身禊祓**……場を整える祓詞。磁場のゆがみを調整して浄化し、清浄な空間にしてくれます。私たち自身をも清め、チャンスや幸運をもたらします。

❖**大祓（中臣祓《なかとみのはらい》）**……現実に影響を与えている、すべてのマイナスエネルギーを祓う祓詞。私たちがもっている、あらゆる「罪穢《けが》れ」を祓ってくれるオールマイティな力をもっています。

❖**一二三祓**……創造への感謝を表す祓詞。数を唱えることで、宇宙の起こす創造すべてへの感謝を表します。

※6・7ページはじめ本文中に記載のある株式会社七沢研究所ですが、現在こちらの流れはnetenn株式会社が引き継いでいます。

プロローグ　日本人が知らない日本人のための世界最先端の願望実現メソッド

◆世界からも注目のメソッドがいま明かされる！

ようこそ、自由自在に生きられる世界へ。

この本を手に取ってくださったあなたは、**真の成功・幸福のための切符を手に入れました。**

これから、既存の「願望実現」「成功法則」でうまくいかなかったあなたに、**日本古来のメソッドであり、また世界最先端のメソッドでもある「和の成功法則」**について、お伝えします。

「和の成功法則」とは、神道の教えのなかで、ながらく秘伝中の秘伝とされ、ごく一部の人間によって伝承されてきた技法をもとにした願望実現メソッドのことです。

古《いにしえ》の時代から、受け継がれてきた「祓《はら》い」の技法と「言霊《ことだま》」によって、願いをかなえていきます。

「神道の秘伝が、現代で本当に使えるのか」

「言霊なんて、われわれ一般人には扱えないだろう」

あなたはそう思うかもしれません。しかし、心配は無用です。

面倒な秘儀や手順は、一切必要ありません。

この秘伝は、言語エネルギー研究機関・七沢研究所による長年の検証実験と研究によって、広く一般にも使える形となりました。

現在、七沢研究所には日本のみならず、**世界各地の公的機関や特殊機関に**

所属する人がその教えを請いに訪れています。また、その名を言えば誰でも知っているような世界的結社のメンバーや要人が訪れることもあります。

マスコミで大々的に紹介されているわけでもないメソッドが、国内外の政治や経済の中枢で注目されているのはなぜか。

言うまでもありません。**誰の目にも明らかな成果が期待できる**からです。

「和の成功法則」で願望実現するプロセスは、とてもシンプルです。

６ページのＱＲコードから神道の「祓詞《はらいことば》」をダウンロードし、流すだけ。

この音源には、**神道で継承されてきた数々の祓詞のなかで、もっとも祓いの力を発揮する４つの祓詞が収録**されています。

そして、あなたの願いを「言霊」として発します。そうすると、**言霊のエネルギーが真に幸せな現実の創造に向けて働きはじめます。**

くわしくは次章以降でお話ししますが、祓詞であらゆるエネルギーを祓うと「空《くう》」の状態が生まれます。

この「空」の状態が、すべての根源である「5次元」の世界なのです。

5次元は、最新物理学でも存在が証明されています。

そこから言霊を発することで、現実を創造する働きが作用するのです。

このとき重要になるのが、日本語のもつ「言霊の力」です。

日本語は、最強の願望実現ツールです。だから、その日本語を使いこなせる人であれば、誰でも「和の成功法則」を使って成功できるというわけです。

◆多くの人に奇跡を起こしている「和の成功法則」

私は現在、「和の成功法則」の実践者であり、数々のビジネスに精通している石﨑絢一さんとともに、多くの方々にこのメソッドを広げる活動をしています。

そして、実際に多くの方たちが実践によって人生を大きく変えています。その声をご紹介しましょう。

- 身辺のトラブルが少なくなった。もしトラブルが起きてもあまり苦労せずに解決してしまう。精神的に安定してきて、**自分のやるべきことがわかりつつある。**（K・Mさん／男性）
- 夫の昇進と転勤が突然決まった。転勤は普通あり得ないポストにいたので驚いた。**職場が近くなり、仕事内容にも部下にも恵まれ、給料もアップ。**週末も趣味の活動や町内会の行事などに参加するようになり、充実した毎日に変わった。（N・Mさん／女性）

- 写真家として展示のオファーが来たり、写真コレクターとのつながりができたりして、いいことが続いている。また、海外で出版しamazon洋書フォトグラフィー部門140万位くらいだった写真集が、**突然9位に躍進した。**（I・Rさん／女性）

- 風邪を引かなくなったり、駐車場から出るときタイミングがいつもよくなったりして、**いままでと違う流れを感じている。**一番変わったのは人生観や生き方で、自分の軸が感じられるようになり、**人をうらやんだり、周囲に流されたりすることがなくなり、**何ごとにも感謝できるようになった。（M・Nさん／男性）

- いままで価格設定で負けていた年間契約の競争見積もりを落札し、**無事に契約が取れた。**その他にも、例年を上回るハイペースで受注して

いる。（Y・Nさん／女性）

- 家のカギを紛失して、1時間以上探し回っていましたが、もしかして……と思い**言霊を流したら、すぐに見つかりました。**（N・Bさん／女性）

- **人生って素晴らしいという思いが日々こみ上げてくる。**仕事で大きな契約が取れたが、そのことだけが理由ではなく、ただ「人生は素晴らしい」という思いが湧く。（Y・Sさん／男性）

ビジネスパートナーの石崎さんも、つい最近、愛車のコルベットで走っていたら、ふとした操作の誤りから、**道路下に落下して車は大破、しかもお墓**

の前で止まるという壮絶な状況の中……まったくの無傷だったそうです。言霊や祓いの効果をあらためて実感した出来事だといいます。

他にも、「人間関係が好転した」「ダイエットや禁煙に成功した」「精神的に安定してきた」など、たくさんの反響が届いています。

◆神道の叡智から導き出されたメソッド

さて、自己紹介が遅れました。なぜ私が「和の成功法則」を築き、そして本を書くまでになったのか。その経緯を簡単にお話ししましょう。

私は、いまから約10年前、健康関連の事業をしていました。ただ、けっしてうまくはいっておらず、赤字に苦しんでいたのです。

そのとき、知人が私の事業の不振を見るに見かね、ある方を紹介してくれました。

「最先端の研究をしている人」ということで、紹介されたのが七沢賢治先生でした。

七沢先生は、**白川神道※の正式な継承者で、言霊や祓いを取り入れた世界最先端の言語エネルギー研究機関・株式会社七沢研究所の代表**です。

初めてお会いした日に、「言葉を現実化する」方法について教えてもらったのですが、当初は、正直疑う気持ちがありました。そこで、あるイベントに出展する際に、あることを試してみました。

そのイベントの成果について、来場者や私自身の営業努力をはるかに上回る成果を設定してみたのですが、なんと**見事に現実となってしまった**のです。それも5回連続で。「これは、本物だ」と確信し、私は白川神道の門徒として神道について、そして言霊について研究していきました。

その後、1章でくわしくご紹介しますが、先ほどご紹介した石﨑さんと出会い、多くの人が実践できる方法としてこの神道の叡智《えいち》を取り入れた「和の成功法則」というプロジェクトを開発し、広げる活動をしています。

現在は、**約2000人ものビジネスパーソン、個人事業主の方々を中心に「和の成功法則」が広がっています。**

◆人生を楽しみながら「使命」を果たす生き方ができる

「たくさんの本を読み、いろんなセミナーや勉強会に参加しているのだけど、なかなか結果が出ない」

「ありとあらゆる成功法則を学んできたが、人生は低空飛行を続けている」

こんな声を耳にするたびに、私は「ああ、もったいない！」と思います。

「和の成功法則」を使えば、あっという間に成功できるのに……と。

※白川神道……平安時代から幕末まで宮中祭祀《きゅうちゅうさいし》を司《つかさど》ってきた白川伯王家を神祇伯《じんぎはく》とする神道。「祝《はふり》の神事」など門外不出の行を天皇とともに執り行ってきた。

ここでいう「成功」とは、大金持ちになったり事業が拡大したり、社会的に認められるといった狭い意味ではありません。

自分の言葉を現実化する力を手に入れること。

同時に、**人生を楽しみながら、自分が本来もっている使命を自由自在に生きられるようになること**。これこそが、この「法則」で手に入る「成功」なのです。

もちろんその結果、あなたは望むだけの経済的豊かさも、手に入れることができるでしょう。

そして、これまでとはまったく違う人生が、新たに展開していくことでしょう。

もう、従来の西洋発の成功法則から卒業する時期です。

日本人には、日本人のＤＮＡと特性に合った成功法則があります。

もちろん、西洋発の成功法則を否定はしません。ただ、西洋がダメだからつぎは日本のこれということでは、まったく同じ土俵で勝負をしていることになります。

「和」とは「統合」のことであり、この本でお話しする内容は、これまでにあった成功法則をも統合し、高度化するものです。ですから、あなたがこれまで吸収された西洋の知識もけっして無駄になることはありません。

また、日本民族が他の民族より優れていると訴えているわけでもありません。

日本語に秘められた古代の叡智を世界中の多くの方と共有し、それを現代に通用する形にするために、世界の人々とともに考えるという姿勢を大事にしています。

それが、この本でお伝えする「和の成功法則」。世界最先端の研究によって、革新的な形に結実した神道の叡智です。

あなたには、その叡智を存分に使いこなし、これからの人生を思いのままに作り上げていく力があります。

自由自在に広がる新しい人生への第一歩を、いま踏み出してください。

あなたの人生に奇跡をもたらす　和の成功法則　もくじ

文庫化にあたって……3

流すだけでお祓いができる！　祓詞解説……6

プロローグ　日本人が知らない日本人のための世界最先端の願望実現メソッド

世界からも注目のメソッドがいま明かされる！……10

多くの人に奇跡を起こしている「和の成功法則」……13

神道の叡智から導き出されたメソッド……17

人生を楽しみながら「使命」を果たす生き方ができる……19

1章　なぜ、いままでの成功法則でうまくいかなかったのか？

いままでの成功法則で限界を感じていませんか？……32
内面が変化し、人間関係が好転する……35
経済的・物質的にも満たされた状態になる……40
悪いことだけでなく、起きているすべてを祓い清める……42
現実化の最強ツール日本語という「言霊」……44
人間はみな現実を作る力をもつ「神」である……47
神社で「神頼み」をしてはいけない……52
「ツイテル、ツイテル」はＮＧ！　霊の力より自分の力を信じなさい……54
現実をうまくいかせるには「違う次元」にアプローチする……56
「5次元」は現代物理学の世界では常識だった……58

一瞬にして現実が変わる「メトロノーム現象」が起きる……61
願う前にすんなりかなってしまうこともある……65
〝すぐに〟かなえたければ、「引き寄せの法則」はやめなさい……68
なぜ、西洋型の成功法則で多くの人が成功できないのか……71
「勝ち・負け」ではない分かち合い助け合う「和」のDNA……76
日本発！ 東洋と西洋を合わせもつ「和の成功法則」……79

2章 なぜ、「悪いこと」だけでなく「いいこと」も祓うとうまくいくのか

積み重ねではなく、「積み減らし」が大事な理由……84
「中今」を生きることができると幸せになる……86
祓いの法則① いい感情も悪い感情もすべて祓う……89

祓いの法則② 先祖から引き継いだ影響を祓う……92
祓いの法則③ 現実は、「祓い」と「結び」で創られる……94
祓いの法則④ 祓いは「払い」につながる……97
祓うことで無限の可能性の場である5次元に戻る……101
5次元から4次元を見るのは、アリを見る人間の視点……104
「神」だった祖先が作った「祓詞」……106
もっとも祓いの力を発揮する4つの祓詞……108
先祖に感謝しその存在を慰める「三種祓」……110
場を整える「身禊祓」……112
現実に影響を与えている、すべてのマイナスエネルギーを祓う「大祓」……114
創造への感謝を表す「一二三祓」……115
デジタルの力なら効率よく自動的に祓える……117
なぜ、生の声よりボーカロイド音声がいいのか？……120

音源を利用してすべてを祓い、言霊で願いをかなえる方法① 音源の聴き方……123
音源を利用してすべてを祓い、言霊で願いをかなえる方法② 願望の発し方……125
「好転反応」は、新展開への序奏……128
古来の秘儀！「鎮魂法」で現実を変える波を起こす……132
ぶれない自分になり、使命が見つかる……135
実践してみよう！ 誰でもできる鎮魂法……138

3章 人生が自由自在になる「言霊」の出し方

日本語は「願望実現言語」である……146
「母音」と「父韻」で構成された絶妙な日本語のバランス……148
キリストの奇跡は、言霊の奇跡だった……152
一夜にして害虫を駆除した言霊のパワー……155

「言葉が脳内に浮かんだ時点」で言霊が発生する……159
あなたにとっての「成功」でなければかなわない……162
「本当の願い」を見つける2つの質問……165
「最善最高の形」で成就することを願う……170
言霊を発しつづけると、夢はあなたの使命に進化する……172
チームを作って言霊を出せば増幅される……174
アファメーションの前にするべき大切なこと……177
「夢のコラージュ」はいますぐ処分しなければいけない理由……180
「ワクワク」から卒業したほうがうまくいく……181
熱を込めて取り組むより、淡々と冷静なほうがかなう……183
確信よりも、「体感」せよ！……186

4章　使命を見つけ、真の成功者になる方法

本当の成功者は誰か？……192
「公」で生きると「私」の成功も自動的についてくる……195
自己実現より、みんなで成功する「自己超越」の生き方……198
悪いことこそ大歓迎！……201
悪いことが起きても、祓いによって変える「逆吉の技」……204
自分自身で使命を見つけるための3つの柱……206
使命を生きると「人・もの・金・情報」が自然にやってくる！……212
自由自在な毎日に変わりはじめる……216
スピリチュアルもマテリアルも手に入れる……220
豊かさは天命を生きる人に必ずもたらされる……223

自由自在に鳥が舞うように成功していく……226

エピローグ　日本にしかない「祓い」が世界を救う

祓いに始まり祓いに終わる……230
現代社会の行き詰まりの原因「ゴミ」を祓う……232
さあ、使命を思い出し、本当の自分と出会ってください……233

編集協力：江藤ちふみ
株式会社ぷれす
企画・取材協力：
石﨑絢一
柳田厚志
編　集：金子尚美（サンマーク出版）
佐藤理恵（サンマーク出版）

1章

なぜ、いままでの成功法則でうまくいかなかったのか？

いままでの成功法則で限界を感じていませんか？

日本古来のメソッドであり、また世界最先端のメソッドでもある「和の成功法則」で、あなたは人生を楽しみながら使命を果たす真の「成功者」になれます。

祓詞《はらいことば》によって、空《くう》＝５次元の状態から言霊《ことだま》を出すことで、あなたの望みを現実化させるのです。

このくわしいしくみをこれからお話ししていきます。

でも、その前に「和の成功法則」を一緒に開発し、広めているビジネスパートナーの石﨑絢一さんのエピソードを例に、**「和の成功法則」の実践は人生にどういう影響を及ぼすか**をご紹介しましょう。

石﨑さんは「和の成功法則」に出会ったころ、「神様を恨んでいた」そうです。

「あれだけ懸命に成功法則を学びつくし、必死でやってきたのに、なぜオレがこんな目に遭わなければならないんだ！」という思いではち切れそうになりながら。

それまで、相当のお金と労力を費やしたとのこと。

19歳で大ケガをし、人生と向き合わざるを得なくなったとき、成功哲学の古典ともいえる「マーフィの法則」を知り、22歳で総額150万円の能力開発プログラムをローンで購入。その後、さまざまなセミナーや本、開発メソッドを手当たり次第勉強。つぎこんだ金額を合計すると、軽く家一軒分になるそうです。

しかし、その対価は十分すぎるほど得ていたんですね。

27歳で起業後、28歳で月収100万円を達成し、30代では月収500万円

超えも当たり前。その後、億単位の年収が数年続いたというからすごいです。

クレジットカード加盟店開拓の代行業、新規事業の立ち上げコンサルティング、エステサロン事業やコインランドリー事業の展開、オンデマンド印刷事業などを手がけた他、証券会社役員や上場企業役員として株式公開を経験。立ち上げや経営に関わった事業は40種類以上に及ぶそうです。

ただ、石崎さんは、けっして恵まれた学歴ではないといいます。

そんな彼が、人から見れば順風満帆のビジネス人生を歩み、**30代前半で5億円の資産を築くことができた**のですから確かにこれらの法則が働いていたのでしょう。

ウォーターフロントにある高級マンションの50階に住んで、派手な外車を乗り回し、夜の銀座や六本木で絵に描いたような豪遊を満喫。欲しい物はすべて手に入れた。そう思ったそうです。

素晴らしい業績と成果ですよね。でも石崎さんは、「欲にまみれた成り上がり」とこのときの状況を表現しました。

その後、35歳のときに、信頼していた人に投資分として預けていたお金をごっそり持ち逃げされ、**一夜にして資産の9割を失うことになった**そうです。一時は新たな事業で再起を図るも、家族のご不幸や度重なる裏切りなどもあり、精神的に相当追い詰められてしまったんですね。

「何よりも変化のスピードが欲しい。状況をいますぐ一気に好転できる力があれば」

私が石﨑さんに出会ったのは、彼がそんなふうに考えていたときでした。

内面が変化し、人間関係が好転する

それは、ちょうど私が七沢研究所に関わりはじめたのと同時期でした。

私自身、石﨑さんほど劇的ではないものの、ビジネスでの不振が神道を勉強するきっかけになったこともあり、石﨑さんの状況が痛いほどわかりました。

そこで、学んできたことをお伝えしました。

- **神道は、祓いに始まり、祓いに終わる**
- **「過去」も「未来」もない。「いまここ」があるだけ**
- **自分自身が「神」である**
- **すべてを祓った状態（空）から意識を発動すれば、物事は成就する**

これらの言葉をお伝えしたとき、「ここに、自分の求めていたものがある」と直感した石﨑さんはすぐに神道を学びはじめ、日々の生活の中での実践を開始しました。

お伝えしたのは非常にシンプルなこと。**すべてを祓い、言葉（言霊）の力**

を使う。基本はこれだけです。

祓いを続け「いまここ」にあることで、ネガティブなエネルギーがクリアになる。

そのとき初めて**「和」（結び）の力が働き、最速で自分自身の成功へと近づける。その実践法こそが、「和の成功法則」なのです。**

変化は、実践されはじめてすぐに現れたようでした。

頻繁に起きはじめたのが、つぎのような出来事だったそうです。

- **自分に必要な情報がどこからともなく入ってくる**
- **状況を打開するためのキーパーソンとのご縁がつながる**
- **願っていたことがすんなりかない、問題解決や願望実現に至る**

石崎さんに、シンクロニシティ（共時性）やセレンディピティ（幸運な偶然の発見）に満ちた日々が始まりました。

同時に、内面や人への接し方も、つぎのように変化していったそうです。

・いらだちや焦り、不安感が消え、常に安心感に満たされるようになった
・人に対して寛大になり、ほとんど怒らなくなった
・ネガティブな出来事が起きても、負の感情にとらわれることがなくなった
・他人の成功を心から喜べるようになった
・人と自分を比較することがなくなり、嫉妬や競争心が消えた

以前の石崎さんは、ライバルとの競争、取引先との腹の探り合い、大金を動かすプレッシャー、他人とのトラブルも日常茶飯事で、「なめられたら終わり」「やられたらやり返す」とばかりに、常に臨戦態勢の毎日だったそうです。

何よりも、「成功」を手にしたあと、どこへ向かえばいいのかわからない不安をいつも抱えていました。それで、自分を追い立てるように仕事にのめり込んでいったのです。

しかし、実践後、表情から肩で風を切って歩いていた時代の荒々しさや威圧感が消え、**まるで別人だと言われるようになりました。**

内面の変化にともない、人間関係に大きな変化が起こったようです。

それまで周りにいた人間の大部分は、きれいさっぱりいなくなりました。

簡単にいえば「自分だけ」「お金だけ」の人たちとの関係は、ケンカ別れしたり、強制的に縁を切ったりしたわけでもないのに、気がつくと、**スッキリ整理されていた**んですね。

その代わりに現れたのが、同じ志をもつ仲間や協力者でした。いまも、「嫌いだな」「苦手だな」と感じる人はひとりもいないといいます。

経済的・物質的にも満たされた状態になる

人間関係が変わると人生が変わります。

「数年間も低迷しつづけていた僕の運命は一気に上昇していった感じです。自分自身を祓いながら自然体で過ごしているうちに、**願いがスッとかなう、ときにはあり得ない速さでかなう**……いわば、天から与えられるものをただ素直に受け取るような感覚で、願いが現実になっていった」と、石崎さんは言います。

いまでは、好きな場所に複数の家やビーチハウスを建て、趣味の車などを所有し、好きなものに囲まれ、欲しいと思ったものは手に入れる人生を送っています。

同時に、それに**執着しない、そんな自由な生き方**ができているそうです。**心の穏やかさや充実感を得ながら、経済的、物質的に満たされる。**これこそが、「和の成功法則」がもたらす最大の恩恵なのです。

いかがでしょうか？　このエピソードは、「和の成功法則」実践の例としてだけでなく、いままでの西洋発の成功法則の限界や、本当の成功や幸せを考えるきっかけになるかと思い、ご紹介させていただきました。

本当の幸せというと「すべてを手放す」ことを提唱するメソッドもありますが、**執着さえしなければ、好きなものを手に入れることはけっして悪いことではない**のです。

ですから、あなたもぜひ「和の成功法則」で、経済的にも物質的にも豊かになっていただきたいと思います。

悪いことだけでなく、起きているすべてを祓い清める

ここからは、具体的なしくみについてお話ししていきましょう。

「和の成功法則」を構成する大きな柱が「祓い」です。

祓いというと、すぐ思い浮かぶのは神社で受ける「お祓い」でしょう。

神社の拝殿でお祓いをしていただくと、すがすがしくありがたい気分になります。

これは、神職の祝詞《のりと》によって、あなたの古いエネルギーが祓われたからです。

先ほど「神道は、祓いに始まり、祓いに終わる」と書いたように、祓いの大切さは語っても語り切れません。

祓いは、負のエネルギーを祓うだけではありません。

うれしかったことやよかったことなど、起きていることすべてを祓い清めます。

プラスもマイナスもすべてゼロにして、その瞬間を祓いつづける。これが、本来の祓いです。

なぜ、プラスもマイナスも祓うのか。その目的は、まず**自分自身をクリアにすること**。言い換えれば、自分をまず真っ白なキャンバスのような状態にすることです。

そのキャンバスに、思い通りの「絵」を描くためです。

たとえば、新しい自分にふさわしい新しい部屋を作ろうと思ったとします。そのとき、部屋に古い物が置きっぱなしだったら、いくら美しい家具やインテリアを入れても、ゴチャゴチャするだけです。「新しい」部屋にはなりません。

それと同じように、**自分の願望を実現しようと思ったときは、まず心の中**

にあるものをすべて祓わなければなりません。これが、鉄則です。

現実化の最強ツール日本語という「言霊」

すべてを祓ったうえで、**現実を創造するためのブースター（増幅器）となるのが、言葉の力「言霊」**です。

これが、「和の成功法則」を支える2番目の柱となります。

言霊という言葉自体は、あなたもすでに耳馴染《なじ》んでいることでしょう。

この言葉は、日本最古の歌集『万葉集』の中にすでに登場しています。万葉集の中で、山上憶良は「日本は〝言霊の幸《さき》わう国〟だと神代より言い伝えられてきた」と詠《よ》みました。

〝言霊の幸わう国〟とは、言霊によって成り立つ国という意味です。

われわれ日本人は古くから、言葉には力があると感覚的に知っていたのです。

その証拠に、日本には「忌《い》み言葉」というものがあります。

結婚式に「切れる」「別れる」、受験生に「落ちる」「すべる」などの言葉を使わないといった風習です。これは、**日本人が言霊の力を体感していたからこそ生まれ、いまでも守られている習慣**なのでしょう。

また、言霊の力を端的に表す有名な実験を、ご存じの方も多いかもしれません。

同じ植物を2鉢用意して、「かわいいね」「ありがとう」などの肯定的な言葉と、「バカ」「枯れてしまえ」などの否定的な言葉をそれぞれにかけると、肯定的な言葉をかけたほうの鉢がよく育つというものです。

「そんなものは迷信だ」「科学的根拠がない」とおっしゃるかもしれません。

しかし、あなたの日常を振り返ってみてください。

子どもがぐずっていたり、ペットがおびえたりしていたら、即座に「よしよし、大丈夫だよ」と声をかけませんか？　かわいくて仕方がない存在に「あっち へ行け」「バカヤロー」とは、間違っても言いません。普段から「いい子だね」「かわいいね」と言葉かけをしているはずです。

これは、あなたが**無意識のうちに、言葉の力を知っている**ことに他ならないからではないでしょうか。

別の見地から、言霊について見てみましょう。

量子力学においては、**「この世に存在するすべてのものはエネルギーであり、振動している」**という事実がすでに常識となっています。

私たちが普段使っている言葉も例外ではありません。**エネルギーであり、固有の振動数をもっています。**

なかでも**日本語は、世界に類を見ない独自性と完璧さを備えています。**それはとりもなおさず、願望実現の最強ツールを手にしているのと同じことなのです。

仮に、いまあなたが「言霊の力はわかるが、日本語が最強ツールなんて大げさだな」と感じたとしても、問題ありません。

3章をお読みいただければ、必ず日本語のもつ言霊の力について納得できるはずです。

人間はみな現実を作る力をもつ「神」である

「そうはいっても、祓いと言霊だけで、本当に願いがかなうのか!?」という疑問には、自信をもって「はい」と答えましょう。

なぜなら、**私たち人間はみな現実を作る力をもつ「神」**だからです。

あなたは、「自分が神だなんて不遜すぎるだろう!」と違和感を覚えますか?

しかし本来の神道では、すべての人間は現実を創造する意志をもった「神」であると考えます。ですから、もしいまあなたが納得していなくても、神道の成り立ちをひもといていくと、きっとなるほどと思えるはずです。

どういうことか。神道の歴史から見ていきます。

神道の始まりは、1万年ほど前にさかのぼるといわれています。

現代の神社にはきちんとした社殿がありますが、古代日本では、磐座《いわくら》や山、木などの自然物そのものを「神」として信仰していました。

その後、神に祈りを捧《ささ》げる場として、そこにお社や鳥居が建ち、いまに至ります。岩や山、草木などの自然が「神」ならば、同じ「自然物」である私たち人間もまた神である。日本人の内面にはそんな生命観が根づいていました。

その精神的土壌の上で、**古代の日本人は自然と一体化し、自らも神という**

位置づけで和合し合いながら生きてきたのです。

近代化の進んだ現代では古来の精神性は失われつつありますが、いまも日本には「八《や》百万《およろず》の神」という言葉があります。

これは、あらゆる自然を神と見立て、信仰してきた日本人の精神性をよく表す言葉です。

自然が「神」であり、私たち「民《たみ》」も「神」である。そう確信できる根拠を、さらに2つ挙げましょう。

そもそも「神道」という言葉は、明治時代に作られたものです。それ以前は正式な呼び名がありませんでした。**神々の存在は「自然そのもの」だったため、名前のつけようがなかった**のです。

ときに神道は、「おみち」と呼ばれていました。

普段私たちが歩いている道のように、ごく日常的な世界。呼吸をするくらい当たり前の世界だったのだと、このことからもわかります。それほど、神道、そして神は身近な存在でした。

そのような背景の中で、神道は自然の法則ともいえるし、もっといえば、**宇宙を司《つかさど》る法則そのものでもある。そして本来、人間もまた神である。**

この捉え方は、ごく自然に受け入れられてきたのです。

これを象徴しているのが、神道における「鏡」の存在です。

宮中には、鏡に自分の姿を映す「御鏡御拝《みかがみぎょはい》」という祭祀《さいし》がありました。「鏡に映った自分の姿が神である」という意味が込められた祭祀です。

神社の神棚には、ご神体として丸い鏡が祀《まつ》られていますが、これも、**「鏡に映った自分自身が神である」という意味**があります。

いうまでもなく、神は万物を創り出す創造主です。つまり、「神」である「人間」には、現実を作る力がある。私たち自身が願望実現のエネルギーそのものである。これが、神道が教える真実なのです。

「私たちは神である」と話すと、「自分の中に神がいるのですね」と言う方がいます。

しかし、それは誤解です。ここは正確に理解してください。

あなたの中に神がいるのではありません。「あなた自身」が神です。そしてあなたこそが、現実を作る力をもつ存在なのです。

じつはあの聖書でも、人間が神だと教えています。

旧約聖書の「出エジプト記」では、モーゼがエホバ（神）に名前を尋ねたところ、こう答えたと記されています。

「I am that I am.」

一般的には「我は有りて在る者なり」と意訳されているようですが、正確に直すと、「私は〝私を存在させる者〟である」となります。

「私を存在させる者」とは、他ならぬ私たち人間です。つまり、「私（神）＝人間」だと、エホバはいっているのです。

量子力学でも、「宇宙は人間が認識することで存在する」といっています。

神社で「神頼み」をしてはいけない

あなたは、神社で「神頼み」をしてはいないでしょうか？

神社は、神様に何かを頼む場所ではありません。

本来、神社は「これからがんばりますので、ご加勢をお願いします」と、**自分の意志を発するところ**です。

なぜ神頼みをしてはいけないのか、「拝《おが》む」と「祈る」という2つの言葉の違いが教えてくれます。

日本には、神に願いを届けるときに「拝む」と「祈る」両方の言い方があります。

両者にさほど差はないと感じる人も多いかもしれませんが、語源をたどるとまったく意味が違います。

「拝む」の語源は、「おろがむ」。「愚かな行為をする」という意味。一方、**「祈る」は「意宣《いの》る」。「自分の意志を宣言する」という意味**です。

語源から見ると、前者は依存的で主体性のない行為。後者は、神に対して自分の「意志」を「宣言」する行為。

神社で「神頼み」をするのは、この「拝む」行為です。それに対して、**「祈る」とは、あなたの「決意表明」だといえます。**

あなたが現実を作る「神」なのですから、神社では、まず自分自身の意志を発信することが本来の姿なのです。

さらにいえば、お賽銭《さいせん》や初穂料（ご祈禱料《きとうりょう》）も、じつは神様に捧げているわけではありません。**神社に納めるお金は、自分の覚悟を表すために、自分自身である神に捧げるお金だと捉えてください。**

「ツイテル、ツイテル」はNG！霊の力より自分の力を信じなさい

神社でもうひとつ注意してほしいことがあります。「自分だけ得したい」「誰かを蹴落として成功したい」という低い意識で訪れてはいけないということです。

神社には、神聖な神だけが存在しているわけではありません。我欲いっぱいの低い意識で「神頼み」に行くと、同じくレベルの低い霊を引き寄せてしまうことがあるのです。

やっかいなのは、その存在が人を成功させるケースもあるということです。時折、**何かがとりついたように、瞬間的に大成功してしまう場合があるの**です。しかし、そんなまやかしの成功は長続きしません。

ある日突然、ドーンと谷底にたたき落とされるような出来事が起こり、すべてが水の泡に帰すパターンがほとんどです。

ちなみに、一時期「ツイテル、ツイテル」という言葉がブームになりました。これも「両刃《もろは》の剣」になる場合があるので気をつけましょう。

強力なエネルギーをもっていることは確かですし、実際にこの言葉によって人生が好転した人も多いかもしれません。しかし、**ツイテルという言霊によって、「望むツキ以外のもの」がついてしまう可能性があるのです。**ときには、低レベルの見えない存在が……。

「霊の話など信じられない」と感じる方は、「そういうこともあるのかな」程度で聞き流していただいてかまいません。

しかし、繰り返しになりますが、あなた自身が神なのです。

自分以外の何かに頼る必要はないということは、心しておいてください。

現実をうまくいかせるには「違う次元」にアプローチする

では、神である人間が、この世界でどのように意志を実現できるのか。そのプロセスを解き明かしていきましょう。

まず、いま私たちが生きている世界「4次元」と、それを支える世界「5次元」について知っていただく必要があります。

この空間が「3次元」であることは、もちろんあなたも知っているはずです。3次元に「時間」の概念を加えたものが「4次元」です。

神道では、その「4次元」を成り立たせている次元「がある」と捉えています。

それが**「5次元」**です。

ほとんどの方は、私たちが存在する4次元だけがすべてだと思っているでしょう。

しかし、5次元があってこそ4次元が存在すると考えます。

たとえば、水の入ったコップがあるとしましょう。もしコップが存在しなければ、水は床にこぼれてしまいます。つまり、水（4次元）が存在する場を、コップ（5次元）が提供していることになります。

また、ここにひとつの箱があると考えてみてください。その箱に時空間という4次元のすべてがつまっている、と。

箱が存在するためには、その箱を存在させている「場」が必要です。その「場」が、5次元という目には見えない次元なのです。

「和の成功法則」を使いこなすための重要なポイントが、ここにあります。**5次元という場が変われば、必然的に4次元（現実）は変わります。**なぜなら、5次元が4次元を成り立たせているからです。

この、**5次元を利用するのに必要なツールが、「祓い」であり「言霊」なのです。**

逆にいえば、5次元に対して的確な作用を及ぼすことができれば、4次元は思いのままにコントロールできます。

たとえば、ときどき常人では考えられない大事業をなし得たり、大成功したりする人がいます。

このような人たちは無意識のうちに、5次元へとアクセスしていたのです。

「5次元」は現代物理学の世界では常識だった

5次元の存在を知ったとき、私は正直こう思いました。

「理屈はわかるが、根拠を示してもらわないと」

常識ある大人であれば、このように思うのも無理はありません。いくら「5次元は存在する」といわれても、目には見えないわけですから。

そんな私を納得させてくれたのが、気鋭の理論物理学者リサ・ランドール博士をはじめとする世界の物理学者たちの研究成果です。

ランドール博士は、著書『ワープする宇宙　5次元時空の謎を解く』（NHK出版）の中で、**「5次元が存在しないと4次元は存在し得ない」**と述べています。

なぜ博士がこのような結論に達したか。著書では、「数々の実験を検証したところ、5次元という平行宇宙があると仮定しなければ、どうしても合理的に説明できない物理法則があったからだ」と説明されています。

この仮説は、他にも複数の物理学者によって唱えられ、**いまや量子物理学の世界では常識**となり、現在、実証実験が進められている途中です。

「なんだ、単なる仮説ではないか」と思うかもしれません。

しかし、近年話題になったヒッグス粒子は、数十年の実験を経て発見されました。同じように、5次元の存在が「事実」として明らかになる日も夢ではないでしょう。

ただ現時点においては、まだ5次元の存在を確かめることはできません。しかし、見えないから「ない」と切り捨てるのは、いささか気が早いのではないでしょうか。

この4次元にも、見えないものは多数存在しています。

たとえば、ラジオやテレビ、携帯電話などの電波、エックス線、赤外線や紫外線……。どれも見えませんが、私たちの生活に深く関わっています。

イルカやコウモリは超音波を飛ばしながら仲間と会話しますし、昆虫の嫌いな音波を利用した虫除《むしょ》けや犬にしか聞こえない犬笛もあります。

見えるものだけがすべてではないことは、この現実が証明してくれています。

ランドール博士によれば、5次元以上の次元も存在します。

さらに複数の次元が存在すると考えられますが、「和の成功法則」を使いこなすうえでは、つぎのことをしっかり認識していただければ大丈夫です。

私たちの現実を創造する「場」、5次元が存在します。

5次元にアクセスすれば、願いはスッとかないます。

そのアクセス方法が、すべてを祓って「空」とし、言霊を発することなのです。

一瞬にして現実が変わる「メトロノーム現象」が起きる

5次元にアクセスすることで、願いがスムーズにかなうのはなぜか。

有名な「メトロノームの共振実験」を思い出していただけるといいでしょう。

テーブルの上で、100個のメトロノームが1個ずつバラバラのテンポで動いています。そのテーブルを適度なペースで揺するのです。

すると、**バラバラだったメトロノームのテンポがすべてピタッと揃《そろ》い、テ**

ーブルと同じ振動数でリズムを刻みはじめます。

あなたのいる4次元の現実が「メトロノーム」、5次元が「テーブル」だと考えてください。「和の成功法則」を使って5次元を利用することは、言い換えればメトロノームの置かれたテーブルを自分で揺することにています。

5次元（テーブル）が適度なペースで揺すられることによって、不調和な状態にあった現実（メトロノーム）は、同じ振動数にピタッと調和します。私たちから見ると、**「時空が変わった」「あるときから一気に加速した」としかいえないような速さと鮮やかさで現実が変わる**のです。

5次元にアクセスすると、こじれた人間関係やビジネスのトラブルも、不思議としかいいようのない展開で解決します。

例をご紹介しましょう。実業家のKさんは、ある誤解がもとで会社の顧問税理士から激しく非難されたことがありました。

メトロノームの共振実験

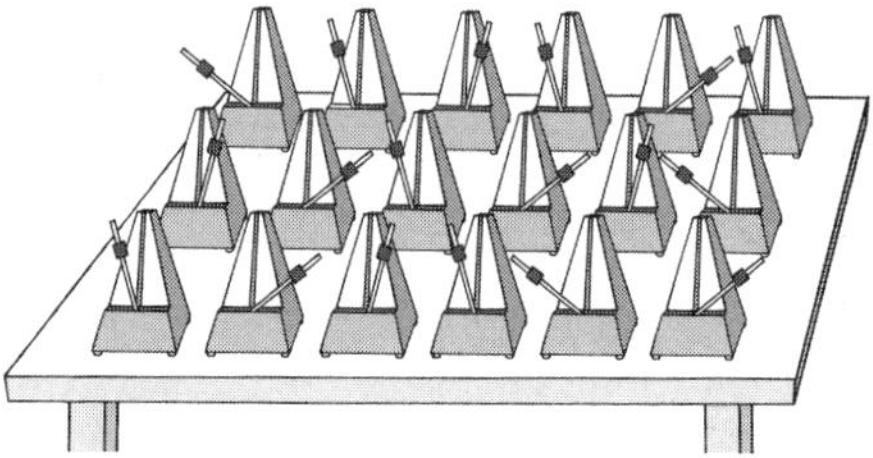

①それぞれバラバラに動いていたメトロノーム

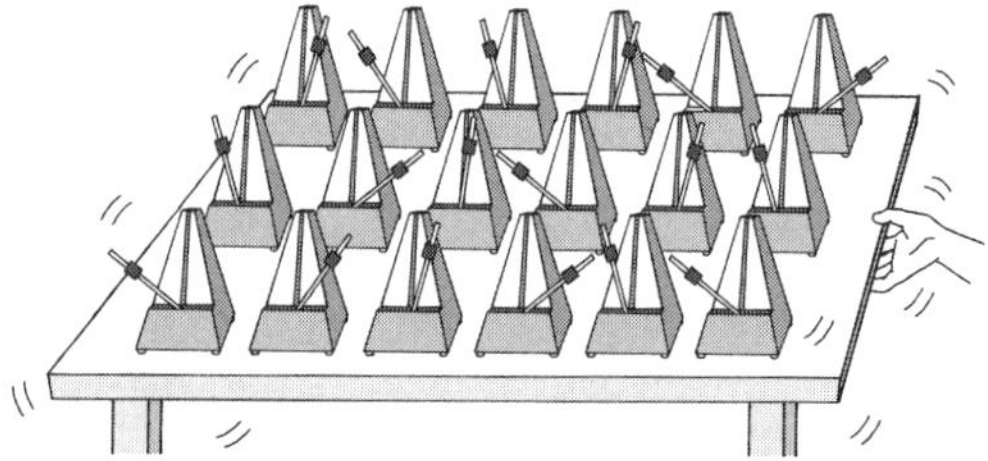

②テーブルを適度なペースで揺すると……

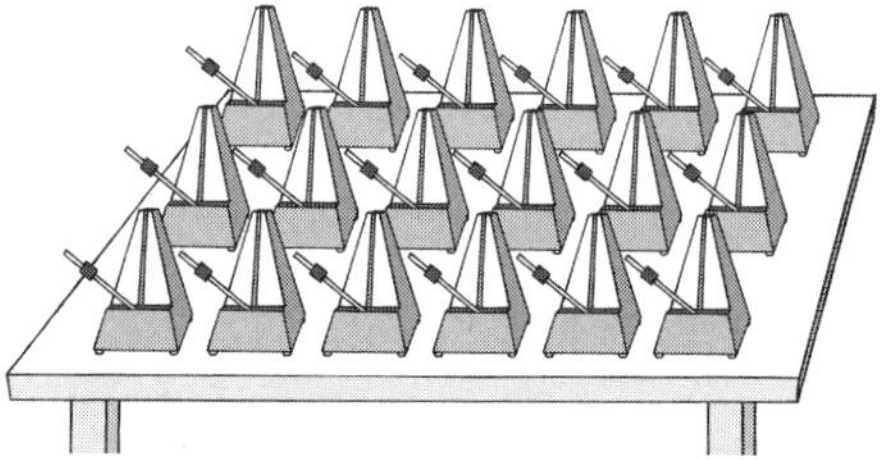

③テーブルと同じ振動数に共振してテンポがきれいに揃う

ちょうど決算間近のタイミングです。見当違いの指摘でしたが、それまでは良好な関係だったこともあり、契約を解除するのもためらわれました。

そこで、**いつにも増して念入りに祓い、万事解決するように言霊を発した**そうです。その直後です。先方から「自分の思い違いだった」とお詫《わ》びの連絡が入りました。

もちろんKさんは、相手に対して何もアクションを起こしていません。

「和の成功法則」にしたがっただけです。

このように、**5次元にアクセスすると、まるでキツネにつままれたかのようにトラブルが解決します。**

一言でいえば、「すぐに」現実が変わる。日々夢中で好きなことをやっているうちに、気がついたら「あ、かなった」と思える現実がやってくる。そんな印象です。

もうひとつ例をご紹介しましょう。

Tさんは、あるプロジェクトを実施しようと、ネットを使ったクラウドファンディング（資金調達）にチャレンジしました。

目標額は600万円。ところが、あと5日で設定期間が終了するという時期になっても、目標額の半分程度しか達成できていません。

そこで「和の成功法則」を使い、言霊を発しました。すると、その夜から**急に資金が集まりはじめ、一気に1300万円も調達できたのです。**Tさんは、「まさか、ここまで集まるとは……」と驚いていました。

願う前にすんなりかなってしまうこともある

ときには、「願う前にかなう」という現象も起こります。

たとえば、ご紹介してきたビジネスパートナーの石﨑さんは車が大好き。

現在も、ジャガーやマスタングのオープンカー、72年型のコルベットなど6台を所有しています。

ただ、新車を買う際に、あらかじめ駐車場を決めておくことはまずありません。車庫証明がなければ車の購入はできないので、無謀な話ですね。しかし、慢性的に駐車場不足の地域であるにもかかわらず、なぜか購入前には必ず希望の条件で駐車場が見つかるそうです。

バイクや時計などを買うときも、**「絶対これが欲しい」と願わなくても、不思議と希望のものが手に入る**そうです。

あるとき、世界に2台しかない稀少《きしょう》モデルのバイクがありました。さすがに、「こればかりは、いくらお金を積んでも無理だな」と思っていたところ、ディーラーから連絡があり、あっさり買うことができたそうです。

私の場合も同じです。仕事の中で**こんな情報が知りたい、この仕事にこん**

な物件が欲しいと思うか思わないかのうちに、ほとんどすぐに手に入ります。

人材でもそれは同じ。ただこの辺はよくある話でおもしろくないので、つい先日あったケースをお話ししたいと思います。

それはちょうど「和の成功法則」に関わるある講座の1週間前の出来事です。家族でいわゆるホタルの里と呼ばれる山梨県で有名な場所に出かけました。そのときに、ふとこう思ったのです。

「ホタルを自分の手のひらに乗せてみよう」と。

夜の8時ごろでしょうか。現地に着くとそれはそれはホタルの美しい輝き。見とれてしまうほどでした。けれども、5、6メートルも先にいるホタルが自分の元にやってくるとはとうてい思えません。しかもたくさんの方が見に来ています。

結局どうなったでしょうか。なんと私の手のひらに小さなホタルが乗っかり、その青い白い光を間近で見せてくれたのです。

けれども、ホタルが直接こちらに飛んできてとまったのではありません。**娘が自分の手にとまったのを、「パパどうぞ」と私の手のひらに乗せてくれたのです。**

これはまったく予想外の展開でした。けれどもそんな過程も含め言霊が実現してくれる、そんなことが起こるのです。

〝すぐに〟かなえたければ、「引き寄せの法則」はやめなさい

4次元の世界でなんとか願いをかなえようとすると、かなり努力しなければなりません。たとえば、昨今ブームになった「引き寄せの法則」も、願望実現のための優秀なツールではあります。

私もかつて「引き寄せの法則」を使った経験から効果があることはわかりますし、その可能性を否定するわけではありません。

ただ同時に、その「弱点」もわかるのです。

それは、ある程度の期間は目標にフォーカスして取り組まなければ、結果は出にくいということです。なぜかというと、「引き寄せよう」と努力すると、力みや執着が生まれてしまうからです。

その結果、5次元にアクセスできないばかりか、現実はそのエネルギーを反映してしまう。だから時間がかかるし、いつまでも状況が変わらない場合もあります。

しかし**「引き寄せたい」という感情すら祓って言霊を発信すれば、もっと簡単に目の前の現実がガラッと変わります。**

引き寄せの法則と、「和の成功法則」の違いを端的に表してみましょう。

たとえば、先ほどお話ししたように、職場に新しい人材が欲しいと思ったとします。

引き寄せの法則では、「こんな人に会いたい」「こんな情報が欲しい」とイメージしていると、ある程度の時間を置いて、「Aさんという人がいるから、会ってみない？」と人を介して紹介され、希望の人材や情報が引き寄せられます。

一方、祓って言霊を発信すれば、**「ちょうどあなたのような人を探していた」という人材であるAさん本人から、突然電話やメールが入ります。**

そう、スピードが違うのです。

批判を怖《おそ》れず、正直に言います。**引き寄せの法則にとらわれる自分を祓ったほうが、よほど早く簡単に願いはかなう**でしょう。

また、引き寄せの法則には、ある危険がともないます。

ひとつは、「いいことを引き寄せたいから」と、ネガティブな感情にフタをしてしまう場合があることです。

そうすると、表面だけ笑顔を作ったり、むりやりポジティブになろうとふるまったりして、自分で自分を苦しめることになってしまいます。

もうひとつは、目標設定と同時に、「目標がかなわないのではないか」「引き寄せられないのではないか」という意識が働いてしまうことです。

この意識が生まれない人はほとんどいないと言っていいでしょう。

同時に2つの意識が生まれると、ブレーキとアクセルを一緒に踏んだ状態になってしまい、一生懸命努力しているのにかなわないという事態に陥ります。

だから、4次元で引き寄せようとするのはやめて、5次元を利用すればいいのです。

なぜ、西洋型の成功法則で多くの人が成功できないのか

さらなる批判を覚悟で、あえて言いましょう。

ほとんどの日本人にとって、西洋型の成功法則で成果を出すのはむずかしいと私は考えています。

ポジティブシンキングを心がける、アファメーションをする、夢や目標を紙に書き出す、ビジュアライズ（視覚化）する、期限を設定し、タイムマネジメントをおこなう、ワクワクすることを追いかける……。

自己啓発、成功哲学といわれる情報の多くが、西洋生まれです。

これらの成功法則やメソッドを実践している方、また教える側にいる方からは、「何を言ってるんだ。けしからん！」とお叱りを受けるかもしれませんが、仕方ありません。

従来の成功法則は、日本人には向いていない。これは、西洋型の成功法則を長年研究してきた私の率直な結論です。

もちろん、その恩恵があったからこそ、それなりに意義のある時間を過ごすことはできました。先ほどご紹介した石﨑さんも、それにより多くの人があこがれるようないわゆる「成功」をつかんでいるわけです。

こうした従来の成功法則には心から感謝していますし、西洋型の成功法則を全否定しているわけではけっしてありません。

どれも、素晴らしい成果を上げられる可能性を秘めています。

けれどもその石﨑さんのように、**いったんは成功したものの、身近な人間の裏切りによって奈落の底に突き落とされたという方々も少なくありません。**

また、さまざまな法則やメソッドを学んでいるのに、人生に生かせない人が多くいることも確かです。

こうしたメソッドの信奉者にその理由を聞くと、よくこんな答えが返ってきます。

「本気度（熱意、真剣さ）が足りないからだ」「書いてあることは正しいが、やり方が間違っているせいだ」と。

しかし、本当にそうでしょうか。私の周りには、熱心かつ真面目に取り組んでいる人は大勢いました。それにもかかわらず、全員が目覚ましい成果を出せたわけではありません。

真の理由は大きく分けて2つあると、私は考えます。

ひとつは、**日本人と西洋人は、根本的に違う**ということです。

一般的にいわれることですが、西洋人は獲物を狩ることで生きてきた「狩猟民族」、日本人は協力し合い作物を育ててきた「農耕民族」です。

生活が西洋化してきた現代においても、この違いは、われわれの精神性に大きな影響を与えています。先祖の歴史もメンタリティも違う民族に有効だった手段を、私たち日本人に適用することに無理があるのは当然ではないでしょうか。

西洋型の成功法則がうまくいかないもうひとつの理由は、先に**潜在意識の**

ゴミを祓わないということにあります。いくらテクニックや思考法を上塗りしても、潜在意識にネガティブなエネルギーが残ったままでは結果が出るはずがありません。

たとえば、あなたが「成功したい」「願いをかなえたい」と望んだとしましょう。しかし、それは、まだ自分が成功していないということ。その深層心理の奥底には、不安や焦り、不足感や怖れが潜んでいます。西洋型の成功法則では、それを放置したまま、目標を紙に書いて唱えたり、イメージを視覚化したりします。

言ってみれば、雑多な落書きを消すことなく、その上に自分の思った絵を描こうとするようなものです。それでは、美しい絵が完成するはずもありません。

「勝ち・負け」ではない分かち合い助け合う「和」のDNA

近年、日本人のライフスタイルや考え方は著しく西洋化してきました。しかし、どんなに時代が変わっても、**日本人の魂には調和を尊ぶ「和」の心が刻み込まれている。**私はそう思います。

東日本大震災で被災した方たちが秩序を守り助け合う姿は、世界から賞賛を浴びました。この事実を取っても、**日本人の心には助け合いと調和の精神が息づいている**といえるでしょう。

寛容で平和的な日本人は、古くから「和」を大事にしてきました。また、「困ったときはお互い様」という言葉に象徴されるように、**相互扶助の精神をもちつづけてきました。**これは、狭い国土の中で、天災の多い環境を生きてきた日本人の知恵です。

かたや西洋諸国では、災害時に略奪や強盗が多発したという報道が多く聞かれます。その背景には、貧困や差別の問題もあるため、一概に断ずることはできませんし、もちろんすべての人が反社会的行為をするわけでもありません。

しかし、西洋の方々と日本人の間に意識の違いがあることは、明白ではないでしょうか。

また、西洋人は日本人に比べて、「和」よりも「個」に重きを置きます。彼らは個性や独自性を大切にしますし、意見を主張する姿勢やアグレッシブな考え方が身についている。この見解には多くの人が同意するはずです。

西洋人と日本人の違いを理解するうえで、宗教的背景も見逃すことはできません。

西洋では一般的に、人間には原罪があると考えるキリスト教を信仰しています。キリスト教は、唯一神を信仰する「一神教」です。

一方、日本人の心には八百万の神や仏教の仏たちなど、多くの聖なる存在が深く根づいています。同時に、クリスマスを盛大に祝うことでもわかるように、キリスト教も受け入れる大らかさがあります。

私が研究してきた**西洋型成功法則の多くは、「成功すること」「稼ぐこと」「勝ち組になること」**にフォーカスしていました。

もちろん、それが悪いわけではありません。

しかし、極論かもしれませんがいってしまえば、それらは「自分自身の成功」のみを追い求めるものです。**われわれ日本人に、他人と競争し、勝つことで成功を手にする西洋型の成功法則がフィットするのか大いに疑問**です。

そして、従来の成功法則は、私たちのような民族の心に、どこかゆがみをもたらしてしまうのではないかと危惧しているのです。

日本発！ 東洋と西洋を合わせもつ「和の成功法則」

この時点で、正しくご理解いただきたいことが2つあります。

ひとつは、西洋諸国や西洋型の成功法則を批判したいがために、このような話をしているのではないということ。

もうひとつは、この本でお伝えする「和の成功法則」の「和」とは、**「日本」を指すだけでなく、新たな成功の概念をも含んでいる**ということです。

「和」とは「結び」であり、「統合」「調和」を意味します。

「和の成功法則」とは、**西洋型の成功法則のよいところと、日本で古来、受け継がれてきた神道の叡智を統合したもの**を指します。

「和の成功法則」は、日本人が受け継いできた祓いと言霊の力を最先端の科学で検証し、合理的な論理に基づいて、われわれが実生活で使えるようにアレンジされたメソッドなのです。

「和」は「やわらぎ」とも読み、また「わ」という音には、「輪」の意味も込められています。**「孤立」や「分断」「排除」とは無縁の、穏やかでまろやかなエネルギーをもった言葉**です。

すべてを統合して、「輪＝円」を完成させるという意志が、「和」には込められているのです。八百万の神を大事にしてきた日本人の精神性を表現するうえで、これほど的確な言葉はないかもしれません。

この成功法則がもつ大きな特徴が、「二項対立」の概念を統合していくということです。二項対立とは、「西洋／東洋」「善／悪」「自分／他人」など、2つの対立した概念のこと。

私たちの生きる4次元は、この二項対立の事象にあふれた世界といっていいでしょう。この価値観で生きている限り、人間は競争や比較、勝ち負けの世界から自由になれません。

西洋型の成功法則では、この二項対立の価値観の中で「成功」を手にしようとしています。

そこに限界があると私は考えます。

常に他者との比較や競争にさらされる二項対立の世界では、心の平安や真の成功は得られないからです。

一方、「和の成功法則」は、この二項対立の価値観さえも祓って、統合していけます。

その先に広がるのは、既存の価値観や判断を軽々と越え、私たちが思いのままの現実を作っていく世界です。

日本人が本来もっていた**「和をもって貴しとなす」の関係を実現しながら、一人ひとりが自分の能力を最大限に発揮し生きられる世界**です。

とはいえ、いまのあなたは、「そんな世界をイメージすることはむずかしい」と感じているかもしれません。あるいは「時間をかけて勉強してからでないと納得できない」と思っているかもしれません。

でも、スマホやパソコンが動くしくみを知らなくても、私たちはその恩恵にあずかっています。また、エンジンの構造がわからなくても、車を乗りこなしています。

たとえばあなたがカーレースに出場して、時速300キロで走れる高性能のレースカーを、世界最高のメカニックから渡されたとします。

しかも、運転は簡単で、最速・安全にゴールへたどり着けます。

あなたはその車が速く安全な理由が完全に理解できるまで、乗るのは待とうと思いますか？　それとも、まずは乗ってみようと思いますか？

当然、何はともあれ乗ってみようと思うのではないでしょうか。

これから2章で、あなたが成功していくための最大のカギとなる「祓い」について、よりくわしくお話ししていきます。

2章

なぜ、「悪いこと」だけでなく「いいこと」も祓うとうまくいくのか

積み重ねではなく、「積み減らし」が大事な理由

「祓《はら》い」こそが、私たちが受け継いできた日本の知恵。5次元へアクセスし願いをかなえる方法だとお話ししてきました。

ではいったい何を、どのように祓うのか。

- 日々浮かんでは消える感情
- 生まれてからいままで溜《た》め込んできたトラウマや心のしこり
- これまで学んできた成功法則や知識
- 人や場所から受けているエネルギーや先祖からの影響

これらを全部祓います。つまり、思考や感情のすべてです。

一度祓ったから完了というわけではありません。**日々祓いつづけることが重要**です。

なぜなら、ゴミは時々刻々と積み重なっていくからです。

「うちは掃除やゴミ出しをしなくても、ずっときれい」という家は、100%ありませんね。それと同じように、祓うべきゴミが積み重ならない人などひとりもいません。だから、常に祓いつづけることが必要なのです。

神道では、「積み」は、「罪」につながると考えます。

一般的には、何ごとも積み重ねが大事だといいますが、じつは違います。**「積み減らし＝祓い」こそが大切**なのです。

そもそも神道の基本は、結界の中で神と人間がコミュニケーションを取ることにあります。そのために人間が罪穢《けが》れを落とし、清浄な状態にあることが求められました。

プラスもマイナスも絶えず祓い、常に「ゼロ」（空《くう》）の状態にする。5次元（空）につながるためには、これが何よりも大切なのです。

「ちょっと待って。ネガティブなものはともかく、いい感情や経験、ポジティブな記憶まで祓う必要はないのでは!?」という声が聞こえてきそうです。

しかし、例外はありません。

これまでの人生で、どんなに貴重な知識や能力を身につけ、多額の資産をもっていたとしても、あるいは、どれほど素晴らしい出来事があったとしても、「あの世」にもっていくことはできません。

もちろん現世において、それらは大事です。

ただ、それに執着してはいけないのです。

「中今」を生きることができると幸せになる

過去も未来もなく、日々新しく「いま」を生きる。

神道は、この生き方を理想としています。

これを**「中今《なかいま》を生きる」**といいます。「中今」とは、現代風の言葉でいえば「いまここ」。**時間の概念を越えて、その瞬間を生きる**ということです。

「中今」を生きられるようになると、過去にとらわれることも、未来を思い煩うこともなくなります。

いままで自分を押し込めていた枠がはずれて、それまで思ってもいなかったひらめきやアイデアが生まれるようになります。

「中今」を生き、常に「空＝ゼロ」の状態になることで、**人間は生きているだけで幸せに満たされた存在だと気づけます。**

その生き方をかなえるために、あらゆるものを祓っていくのです。

祓いには、「張る」という意味も含まれています。

祓えば祓うほど、張っていく。つまり、新たなものに満たされるという意味です。

矛盾しているように聞こえるかもしれませんが、祓っていない状態、積み重なっている状態では、「張る」エネルギーも生まれません。

まず先に自分自身を空っぽにすることが、エネルギーを満たすために欠かせないのです。

たとえば、夜店のスーパーボールつかみゲームを思い出してください。あのゲームで、スーパーボールをたくさん取ろうと思ったとします。

もっとも多くボールをつかめるのは、もちろん、何も持っていないときです。

そのためには、手は空っぽでなければいけません。もし手に何かを持っていたら、いったんすべて手放す必要があります。

同じように、いまあるものを祓っていかなければ、かなりのエネルギーロスであることはいうまでもありません。不要なものをたっぷり抱えた状態で、新たなものをつかもうとして、無駄に努力しつづけなければならないのですから。

だから、まずは**持っているものを手放す**。すべてはそこから始まります。

祓いの法則①

いい感情も悪い感情もすべて祓う

人の心には、日々さまざまな感情が浮かびます。

「うれしい」「楽しい」といったポジティブな感情もあれば、「悲しい」「腹が立つ」「悔しい」など、ネガティブな感情もあります。

また、子どものころにできた心の傷やわだかまりを、大人になったいままでも抱えている人は多くいます。

自分ではポジティブだと思っていても、単に「負の部分」からは目をそむけているだけの人もいます。ネガティブな側面にフタをして、いい面だけを見ようとしている人です。

「自分は楽天家だから問題ない」と思う人も、無関係ではありません。

神道では、**思いや感情はすべて「ゴミ」**だと考えます。

言葉遊びのように聞こえるかもしれませんが、**「思い」は「重い」エネルギーです。**毎瞬毎瞬浮かんでは消える感情がその人のエネルギーを重くし、運命がいいほうへ進むのを阻んでいるのです。

たとえば、ビジネスで成功していて目力が強く、いつもエネルギッシュ。オーラもやる気もあって、「さあ、つぎはどんなことをやろうか」と気力に満ちている。でも基本的に考えていることは、自分のことだけ。そんな人がいます。

神道では、こんな人は「ゴミだらけ」だと捉えます。

先ほどご紹介した石﨑さんは、高級クラブのママから「**一流の人は気配が消えてるもの。一流になりたければオーラを消すようにしなさい**」と言われたそうです。

確かに観察してみると、大会社の社長やトップビジネスパーソンは、「ごく普通の人」ばかり。「オーラが消えている」人たちばかりでした。

また、本当に武道を極めている人は、威圧感や力みがまったくありません。やせ形で、どこにでもいるような人がほとんど。武芸の世界では「強い人ほど強く見えない」といわれるほどです。

それは、**余分なものをまとわなくても、本質が充実し研ぎ澄まされているから。**自分を過剰に守ったり、アピールしたりする必要がないからです。

つまり、よけいなエネルギーを祓い切っているということ。

喜怒哀楽、自己顕示欲や出世欲、競争心、迷いや不安、すべての感情を祓い、心を軽くしていくことが、「空」への第一歩です。

祓いの法則②

先祖から引き継いだ影響を祓う

祓いにおいて忘れてはならないのが、先祖から受ける影響です。

先祖の存在は、じつはあなたが成功するかどうかに大きな影響を与えています。

たとえば、同じ成功法則を学んで同じように努力しているのに、Aさんはまったく芽が出ず、Bさんはトントン拍子で結果を出した。こういうことがよくあります。ふたりが先祖から受けている影響がそれぞれ違うからです。

人の成功にはいろんな要因がありますから、簡単にひとくくりにすることはできません。しかし、**先祖の影響をきちんと祓っていれば、学びや努力の結果は確実に人生に現れます。**

ですから、人一倍努力しているのに結果が出づらい人、なぜかここぞというときに不運に見舞われる人、何をやっても裏目に出る人……。こういう人は、先祖の存在が影響しているといえるかもしれません。

逆に、なぜか運がいい人、やることなすことうまくいく人は、先祖からいい影響を受けています。もちろん本人の才能や努力もあります。でもその才能や努力できる資質自体も、先祖から受け継いでいるといえるでしょう。

だからといって、高いお金を払って先祖供養をしたり、お経を何千回も唱えたりしなくても大丈夫です。

神道には、先祖の影響を祓う知恵があります。それが、**音源に収録されている三種祓《さんしゅのはらい》です。**

くわしくは追ってご説明しますが、この祓詞《はらいことば》で先祖を慰めることによって、いままでの人生を滞らせていた影響を祓っていきます。

祓いの法則③

現実は、「祓い」と「結び」で創られる

祓いと言霊《ことだま》によって現実を創るプロセスを、神道では「結び」と表現します。

正確には、「結び」は「産霊《むすひ》」と書きます。

この「結び」も神道の大切な概念のひとつ。「和の成功法則」は、「祓い、結び、現実化する」プロセスであるともいえます。

「結び」がどのように起きるのかは、小麦粉をふるいにかけた状態をイメージしてください。

ふるいを揺すると、粉状だった小麦粉が振動し、ふるいの中（表面）で粒状に固まりますね。振動によって結びが起きるプロセスはまさにこれです。

5次元は無限の可能性をもつ情報の場と考えることができます。

5次元にあるのは情報のみ。振動は一切していません。

そこに1章でお話しした「意宣《いの》り」である**言霊が発せられると振動により結びが起きて、4次元で現実化する。**これが、「和の成功法則」のしくみです。

ただし、言霊を5次元に届けるには、すべてを祓って「空」となることが必要です。だから祓いが重要ですし、逆にいえば、**祓いがおこなわれれば言霊により結びは必ず起こります。**

祓いによって結びが起きるという事実は、人生にもあてはまります。それは、いったんどん底に落ちても必ず復活できるということです。

「災いを転じて福となす」という言葉がありますが、これが実際、自然の摂理であり真実です。ただ、災いを「福となす」ために、**不遇のときこそ祓いが不可欠**なのです。

結びについて、もう少しお話ししましょう。

結びとは、言い換えれば古いものを捨て**「新しいもの」を積極的に取り入れ、新たな現実を作っていくこと**です。

私たち日本人は、この「結び」を得意としています。私の主観でそう言っているわけではありません。この国の歴史が教えてくれています。

幕末、２６０年続いた江戸幕府が倒れ、「御一新」といわれた明治維新が起きました。そのとき日本は、帯刀や髷《まげ》など古い風習を捨てることを選択し、その後、西洋社会の「いいとこ取り」をすることで西洋諸国と肩を並べました。

また、日本は第二次世界大戦によって人も国土も大打撃を受けたあと、わずか数十年ののちには、経済大国といわれるまでに復活しました。

それは、**いったん旧習を捨て、それまで敵だった西洋諸国から多くを学んだから。**つまり、祓いと結びがおこなわれたからです。

戦争や政変、天災など、数々の祓いを経験しながらも過去を乗り越え、いいものをどんどん取り入れ、結んで、結果を出してきた。そんな精神性が私たちには根づいています。

祓いの法則④

祓いは「払い」につながる

祓いはまた、「払い」につながっています。「お金払い」の払いです。

お金が入ってくるのは行動の結果。つまり、「結び」です。

お金を使わず（払わず）、貯《た》め込むとどうなるか。結んで結んで結びつづけることになり、エネルギーが一切祓われないので圧力が高まります。

そして、エネルギーがひずんでしまうのです。

そのひずみによって、運命はあるとき一気に暗転します。

エネルギーをゼロに戻そうとする働きが生まれるせいです。それで、以前石﨑さんが体験したように、トラブルや事故に見舞われるということも起こり得ます。

もちろん祓いが起これば、そのあとに結びが起きますから、「結果オーライ」になることも多々あります。しかし、**随時お金を使っていけば、無駄なアクシデントを起こさず順調な人生を歩める**のです。

自分のスキルや時間、才能、お金などを世の中に還元することは、「開く」行為であり、祓うこと。

だから、お金を社会に還元すればするほど結びが起き、また入ってくる。そうすると、さらに多くを還元できるので、より多く入ってくる。この喜ばしい循環が起きるのは、当然のことなのです。

とはいえ、当然ながらお金は使うと減ってしまいます。だから、自分からすすんで損をしたいと思う人はいないでしょう。

なぜか人は、自分が持っているものを手放すことにためらいを感じるものです。とくにお金にはその傾向が強くあります。その心理の裏にあるもの、それは「もう入ってこないのではないか」という恐怖です。

成功するためには、ここで、「どうせ、また入ってくる」と思えるかどうかが問われているといっていいかもしれません。

逆説的ですが、**損をする覚悟があると、自動的に得がついてくる**のです。

もちろん、実際に損をすることを奨励するわけではありません。ただ、「損をしてもいい」という立ち位置で自分のやりたいことのために行動し、お金を払っていく。こうすれば、うまくしたもので最終的には損をすることはありません。

これは、確実にいえることです。もっといえば、損を覚悟すれば、得をしないほうがむずかしいのです。

なぜそういえるかというと、**「いいこと」と「悪いこと」は、お札の裏表**

のようにワンセットだからです。

当たり前のことですが、お札の表面だけを受け取るわけにはいきません。当然、裏面もついてきます。現実も同じです。

人は「いいこと」だけ起こってほしいと思いますが、現実ではどちらか一方だけ起こることはあり得ません。

いいことも悪いことも引き受ける覚悟をしなければ、欲しいものは手に入らないのです。吉凶どちらの出来事も起きるのが人生なのに、「損は嫌だ。得だけしたい」というのは無理な話。冷静になって、私たちのいる4次元を俯瞰《ふかん》すると、「正」もあれば「負」もあることが理解できるはずです。

長い目で見てみると、「悪いこと」がのちに「いいこと」に転じる場合もあれば、その逆もあります。物事の吉凶はすぐには判断できません。

だから、**いいことも悪いことも祓って、かぎりなく「空」に近づいていく。結局はこれが新たな結びを起こすための最短ルート**なのです。

祓うことで無限の可能性の場である5次元に戻る

なぜこれほどまでに、祓いが重要なのか。

いうまでもなく、ゼロとなって5次元にアクセスするためです。

復習すると、5次元は、私たちの存在する4次元を成り立たせている場。すべてをかなえる可能性をもった場でした。

見えない次元なのでイメージしづらいかもしれませんが、時間も空間も光も重力もない「情報」だけがある場であり、「無限の可能性に満ちた場」だと考えてください。

量子物理学の権威アミット・ゴスワミ博士は、この5次元を「可能性の領域」と呼んでいます。

一方、4次元には、先祖や場所、私たち自身がもっている感情、思考によって生まれる負のエネルギーがあります。それは「重力」となって、私たちを縛ります。

祓詞はその不要なエネルギーを祓い、重さを取り払ってくれます。

すると、コインがひっくり返って裏と表がパッと入れ替わるように、**時空が消えて「空」の状態が生まれ、あなたの意志は、無限の可能性の場である5次元へアクセスできる**のです。

正確にいえば、5次元にアクセスするというよりも、5次元に「戻る」と表現したほうが正しいかもしれません。

じつは本来、人間は5次元にいるはずの存在です。4次元というこの現実は、われわれが体を得て生きている場に過ぎません。

ですから、そもそも5次元は、「向かう先」ではなくて「戻る場所」なのです。

5次元の存在をわかりやすく説いているのが、「般若心経《はんにゃしんぎょう》」です。

有名な「色即是空　空即是色」という一節を、あなたもご存じでしょう。

じつは、この一節は4次元と5次元の関係を説いています。

般若心経でいう「色」は物質界、「空」は物質のない世界。「色即是空　空即是色」を訳すと、「物質界は空であり、空もまた物質界である」となります。

「色」は4次元、「空」は5次元を表すので、神道的に解釈するとつぎのようになります。

4次元は5次元であり、その逆でもある。つまりコインの裏と表のように、表裏一体である。これが、般若心経のいわんとするところです。

念のためにいうと、般若心経の「空」は「空っぽ」という意味ではありません。**仏教では、「空」とは「何もないけれど、すべてに満ちている」状態**だと考えられています。

5次元は何もない状態でありながら、すべてがある。無限の可能性に満ちている「空」の世界です。これを表すと、「空（ゼロ）＝無限（∞）」という式が成り立ちます。

だから、そこから言霊を4次元に向けて発すると、無限の可能性の中で実現していくのです。

5次元から4次元を見るのは、アリを見る人間の視点

5次元から4次元は、どのように捉えられるか。

地面の上を歩くアリと、それを見ている人間を思い浮かべてください。

人間は、アリをつかまえて別のところに移動させることも可能ですし、別方向を向かせることもできますね。

同じように、**5次元から見れば、思いのままに状況を動かすことができます。**

だから、「空」になって5次元から言霊を送ることができれば、たとえ4次元では「あり得ない」と思っていても、現実は言霊の通りに変わります。

もしあなたに会いたい人がいれば、会えるようセッティングしてもらえるし、やりたいことがあれば、それができるシチュエーションが自在に整うというわけです。

4次元と5次元の関係は、写真のネガとポジ（紙焼き写真）の関係だともいえるでしょう。

ポジは、ネガの通りに出来上がります。

5次元の情報がネガです。5次元の情報が変わると、そのまま現実に転送されます。そして、**現実は5次元の情報通りに作りかえられます。**

つまり、ネガを作っているものが、ポジを思いのままに作り出せるということです。

たとえば、遠くの山に向かって「ヤッホー」と言えば、一拍置いて「ヤッホー」と返ってきます。

これと同じように、5次元にアクセスしさえすれば、多少「間」はあくけれど、こちらが発した言霊と同じ現実が、そのまま4次元に返ってきます。だから、5次元へのアプローチこそ、成功するためにあなたがやるべき最重要のことなのです。

「神」だった祖先が作った「祓詞」

この段階で、現実創造の基本はわかっていただけたと思います。では、いよいよ祓いの具体的な方法をお教えします。

一気に「空」の状態にしてくれる特別な言霊が、神道で継承されてきた「祓詞」です。

この祓詞を音源から流すことで、まず、あなたとあなたのいる空間を祓い

ます。

その後、あなたの意志を言霊として発していきます。

祓詞には現実を変える特別な力があるため、世が世なら権力者だけに扱うことが許された特別な詞でした。

時代が変わり、「神」が扱ってきた詞を、われわれ「民」がもてるようになったというわけです。

祓詞は、神話に登場する神が創ったと言い伝えられています。

この話を聞いたとき、「神が創ったなんて、単なる伝承に過ぎない」と、私は思いました。しかし「神」の概念を知るにつれて、その考えは変わりました。

自然や宇宙と一体化し、**現代とはまったく違う感覚で生きていた古代の人は「神」とも一体化していました。**つまり、「神そのもの」でした。その人間が、現実を創造する言霊として、祓詞を使っていたのです。

たとえば、「大祓《おおはらい》」という祓詞は、有名な「岩戸開き」（アマテラスオオミカミが天岩戸にこもり、世界が暗くなったとき、神々が力を合わせて働きかけ天岩戸を開いた）の際に言霊を奏上したアメノコヤネノミコトという神が作ったという伝承があります。

アメノコヤネノミコトは、超常的な力をもつ存在ではありましたが、「神」であり「人」でもありました。このように、「神」だったわれわれの先祖が**作った言葉が、いま「祓詞」として伝わっている**のです。

もっとも祓いの力を発揮する4つの祓詞

音源では、現在最強と称されるつぎの4つの祓詞を収録しています。

・三種祓

- **身禊祓《みそぎはらい》**
- **大祓《おおはらい》**（中臣祓《なかとみのはらい》）
- **一二三祓《ひふみのはらい》**

千年以上も伝承されてきた数々の祓詞のなかで、宮中祭祀《きゅうちゅうさいし》を司《つかさど》ってきた白川伯王家が実践を重ねた結果、**もっとも祓いの力を発揮するといわれてきた祓詞**です。

私たちの研究所の研究や実証実験でも同様の結果が出ています。

これらの祓詞は、単独でも素晴らしい浄化の力を発揮します。しかし、すべてを唱えることで、あらゆる祓いが網羅されるため、加速度的に運命が開けます。

先祖を大事にして、場のエネルギーを清浄化し、罪穢れを祓って、宇宙の創造に感謝する（三種祓→身禊祓→大祓→一二三祓）。

このプロセスが音源の祓詞によって繰り返しおこなわれます。

その繰り返しで何が起きるのか。「創造・破壊・再生」のサイクルが、瞬時に起こりつづける状態になります。

この祓詞を流すだけで、毎瞬毎瞬、新たな創造がなされる。一瞬ごとに高速で根こそぎ祓われ、新しい世界が創られつづける。

すると、感情の揺れや過去へのこだわり、未来への不安から解き放たれた、気持ちのいい日常が訪れます。

つまり、あなたが欲しい世界を自由自在に創れる土壌ができるのです。

では、順番にお話ししていきましょう。

先祖に感謝しその存在を慰める「三種祓」

「とほかみえみため」という言葉は、「とほかみよ、ほほえんでください」

なります。

この祓詞を唱えることで、先祖を慰め、感謝することになります。

同時に、この祓詞には「自分が遠津《とおつ》御祖神《みおやのかみ》と一体化しますように」という意味も含まれています。

「遠津御祖神」とは、「神になった先祖」のこと。この神と一体になることによって、あなたとあなたの先祖が祓われ、浄化されます。

ひいては、あなたの人生にもよい影響を与えてくれます。

時間をさかのぼれば、私たちには膨大な数の先祖が存在します。その中には、この世に思いを残して亡くなった方もいれば、非業の死を遂げた方もいるでしょう。

また、自分では気づいていなくても、他人に恨みを買うような行為をしてしまった方もいるかもしれません。

前述した通り、そんな先祖の存在が、子孫である私たちの行動や人生に影響を与える場合もあります。

この祓詞は、それらの影響をすべて祓います。そして、あなたの人生がスムーズに進むようにしてくれます。

場を整える「身禊祓」

私たちが過ごす空間には、さまざまなエネルギーが流れています。その場にいる人が発する思いや過去にいた人が残した念、方角のもつ磁力、場所そのものが発している目に見えない力などです。

また、ケンカや言い争いをしたときや嫌なことがあったときなど、心にはネガティブなエネルギーが溜《た》まりますが、**空間にも同じエネルギーが溜まり、残留してしまいます。**

清浄な空間であれば、場のエネルギーは縦横に整然と流れています。しかし、このようなネガティブエネルギーによって、ほとんどの空間でひずみが生まれ、磁場がゆがんでいるのです。

ホテルや旅館に行くと、なんとなく嫌な気持ちがする部屋があるものですが、これは、私たちがその部屋に漂うエネルギーをキャッチしているからです。

場のエネルギーにゆがみがあると、それに引き寄せられて、さらにネガティブなエネルギーが集まります。

たとえば、一度交通事故が起きた場所で、その後も何度も事故が起きることがあります。また、何をやっても繁盛せず、開店と閉店を繰り返す店舗物件もあります。これらは、場のもつエネルギーのゆがみが負の現実を引き寄せ、その場にいる人間に影響を与えている例です。

身禊祓は、言霊の力によって、**場のゆがみを調整し浄化します。**それだけでなく、この祓詞を聴くことで私たち自身も祓われます。

その結果何が起きるかというと、**自分自身が「パワースポット」になれま**

す。エネルギーの乱れが調整されるので、自分本来のパワーが輝き出すのです。

そのパワーに引き寄せられ、人や情報、チャンスが集まるようになるでしょう。

すると、自分がパワースポットに行かなくても、欲しいものが集まってくるので、加速度的に成功していけます。

現実に影響を与えている、すべてのマイナスエネルギーを祓う「大祓」

「祓いの最高峰」とも呼べる最強の祓詞です。

神道では宇宙の道理を曲げる罪を「天津罪」、人類が地上で犯すさまざまな罪、あるいは、欲や執着、怠惰、慢心、嫉妬などを「国津罪」と呼びます。

大祓は、人間がもっているそれらの「罪」をすべて祓い、私たちが4次元で起こすといわれているあらゆる「罪穢れ」も祓ってくれます。

この大祓には、人間が目をそむけたくなるようなどんなにひどい罪であっても、祓戸《はらいど》四柱神《よはしらのかみ》の力で、地の底に吹き送るという強い意志が込められています。

そのため、もともと個人向けに作られた祝詞ではなく、**人類全体のために作られたもの**と考えられています。

その結果、当然個人レベルで起きがちな、現実でうまくいっていないと感じること、いま起きているトラブルや滞りのすべてが祓われ変化します。

オールマイティなパワーをもつ、とても心強い祝詞です。

創造への感謝を表す「一二三祓」

人類の文明は「数」という概念を抜きに語れません。

数字がなければ机も椅子もビルもできません。時間の概念もそうですね。数字により成り立っています。

この祓いのおもしろいところは、「ひふみ」で始まったものが、「こともちろらね……」つまり「九・十・百・千・万……」と続くように、途中から幾何級数的に増える数をそのまま祓詞にしているところです。

これは**宇宙が創造されていく様子を表しており、膨大な数を唱えることで、現実が言霊で作られることへの感謝、神への感謝を示します。**

この祓詞単独でも強い力を発揮することから、歴史的に極めて人気があり、これまでさまざまな世界で利用されてきました。

これを唱える、あるいは聴くことで心や体が無限に広がる力を感じるはずです。

デジタルの力なら効率よく自動的に祓える

伝統ある神道のお祓いなのに、「音源を流すだけ」であることに疑問をもつ人もいるかもしれません。

当然ながら、神社では神職が祓詞を唱えてお清めをしますし、私のセミナーでも祓詞の唱え方を指導します。実際に祓詞を唱えていると、場や自分自身が清められるのがよくわかり、すがすがしくなるものです。

しかし、人がおこなうことには限界があります。

また、**祓詞を唱えるのに夢中になり、本来やるべきことがおろそかになるのでは本末転倒**です。

そこで、デジタルの力を組み合わせるのです。そうすれば、**自動で何時間でも祓いを続けられます。人では不可能な超高速で再生することも可能**です。

じつは、プロローグでもお話しした「言葉を現実化する方法」とは、これまでお伝えした理論に加え、「祓詞の自動再生装置」を使うことだったのです。最初は半信半疑でも実際に成果が出ることで、ビジネスでのV字回復と、内面の根本的な変容につながったのです。

自分で祓詞を唱えるときと変化のスピードを比べるなら、徒歩とスーパーカーくらいの差です。それはまるで、手書きで仕事をしていたオフィスに、最新型高スペックのパソコンを導入したような感覚です。

たとえば、長年にわたって坐禅《ざぜん》や瞑想《めいそう》を続けたり、冷たさをこらえて水垢《みずご》離《り》をしたりすれば、その労力と真剣さに見合った祓いが起こり、空の状態へ近づけるでしょう。

しかし、**「祓詞の自動再生装置」を使えば、普段通りに仕事に集中しながら、空になり5次元へつながれます。**

生身の人間が努力するよりも、何百倍も効率的なのです。

極端なことをいえば、デジタルの力を利用して祓詞を流しておきさえすれば、寝転がっていても祓ってくれます。

このようにいうと「不謹慎だ」と叱られるかもしれません。神道のお祓いや神事といえば、一般的に古式ゆかしい装束を着て、作法にのっとり、うやうやしくおこなうものとイメージされていますから。しかし、それすらも思い込みであり、とらわれに過ぎません。

そこで、この本を手に取った方にもすぐにこのデジタルの力を実感していただきたいという思いから、自動の再生装置のなかでも特殊な周波数をのせた**パワフルな祓詞が収録されている音源のQRコードを掲載しました。**

この音源では、確実に5次元に作用し、4次元を変える力をもつ祓詞を厳選しています。そして、ボーカロイドのフラットな音声が、あなたが望む限り祓詞を唱えつづけます。

だから、**かけた時間や作法はまったく関係なく、効率よく自動的に祓いが**

起こっていくのです。

音源を聴くことで、何か起きるのか。基本的には、1章でお話しした変化がすべてつぎつぎに起きると考えてください。「祓い」という神道の基本が自動でできるのですから、これは当然のことです。

本人の意識を超えて、スタート直後から「勝負あった！」と言えるような変化を起こせる。それも、舞台が一気に場面転換するような鮮やかさとスピードで。

これが、5次元に作用する祓詞の力です。

なぜ、生の声よりボーカロイド音声がいいのか？

音源の祓詞はすべて、ボーカロイドによって唱えられています。

神道の伝統を受け継ぐなら、コンピュータで合成されたボーカロイドの音声より、修練を積んだ神職の方が唱えるほうがふさわしいと思うかもしれません。

しかし、ボーカロイドの採用には理由があります。**人の声には、その人自身の念やエネルギーが乗ってしまうという性質があるのです。**

七沢研究所で実験を重ねたところ、どんなにすごい実績や名声、肩書きのある方が唱えても、感情の起伏や気分のムラが声に乗ってしまうということがわかりました。当然ながら、人がおこなうと、ときとして祓いの効果に差が出てしまうのです。

その分、感情をもたずコンディションの変わりようがないボーカロイドは、疲れることも「面倒だな」と思うこともありません。人のもつ感情も体調の変化も超越した力を、継続して発揮してくれます。**いわば「無敵の声」です。**

そして、音源が自動的にその声を流しつづけてくれます。精神性を高めるために、必死で苦行しなくても、この音源を流している限り、**最高の形で祓**

詞による浄化の力を受けつづけることができます。

その力を思う存分受け取り、成功を体験する喜びを味わってください。

じつは、ボーカロイド音声が生まれた経緯には裏話があります。

これができるきっかけとなったのは、神道を学ぶ者が祓詞を習得するために作られた練習用のボーカロイド音声なのです。

その音声を聴くうちに、多くの人に続々と奇跡的な変化が起こりはじめました。「これはすごい」と話題になり、音源化に至ったわけです。

加えて、この音声には**七沢研究所で研究開発された、ロゴサウンドという特殊な周波数（ロゴストロン周波数）をミックスしています。**

くわしくお話しすると専門的になるため割愛しますが、祓詞が最適な効果を発揮するよう、音源に特殊加工をほどこしているのです。

日本古来の貴重な伝承が、世界最先端ともいえる技術によってさらに強化されている。つまり、**日本の伝承と最新の技術の「結び」によって生まれたのがこの音源**です。

われわれの先祖は、祓詞の秘儀を何千年も守り伝えてきました。そのアナログな祓詞を、デジタルの力で何倍にもバージョンアップしたこの音源を、私は心からの誇りと自信をもってお届けします。

そして、あなたの人生を最高のものに変えていただくことを切に願います。

音源を利用してすべてを祓い、言霊で願いをかなえる方法①

音源の聴き方

音源は毎日好きなだけ聴いてください。BGMにしてもかまいません。聴きすぎて悪影響が出ることはありません。24時間ずっと流している方も多くいらっしゃいますし、私自身もそうしています。

「ちゃんと祓われているのだろうか」という疑いや、「不要なエネルギーを絶対祓うぞ」という執着は、祓いの力を拒否する可能性があります。**「音源が勝手に祓ってくれる」という気軽な気持ちでいることが大切**です。

音が聞こえなくても効果は変わりません。**音量ゼロでも、電気信号としてエネルギーが発信され、周波数は出ています。**

音源からは、言霊が信号（周波数）という形で発信されます。私たちの耳には、その信号が増幅されて「音」として聞こえます。信号は、耳に聞こえなくても、エネルギーとして空間に発信されているので、無音でも効果は音が聞こえる場合と同じだけ現れます。

たとえば、無音でいたい場合や他の人がいるリビングやオフィスでは、音量オフで流すこともできます。睡眠中に音を消して流すのもおすすめです。

特定の祓詞だけを聴いても効果はありますが、基本的には4つの祓詞をすべて流すのがベストです。あらゆる角度、すべてのレベルが網羅して祓われ、あらゆる次元のバランスが整います。

音声をパソコンやiPhoneなどの音声再生装置にダウンロードしても効果は変わりません。

音声（通常の速さ）に合わせて、声に出して唱えてもかまいません。ただし、そこに「どうしても成功したい」「なんとかするぞ」という思いが乗るのはNGです。

その思いが執着やとらわれになるからです。**「どうせ成功する」という「軽やかさ」が成功の秘訣《ひけつ》です。**

音源を利用してすべてを祓い、言霊で願いをかなえる方法②
願望の発し方

祓詞の音声を流すと、あなた自身も空間も先祖も祓われ、5次元（空）へのアクセスが可能になります。
その状態で言霊を発することで現実の時空が変わり、願望がかなっていきます。

言霊（願望）を発するタイミングですが、基本的には「あなたの感覚」にしたがっていただければ大丈夫です。

音源を1回〜数回、あるいは数分間集中して聴き、**「気分がスッキリした」「十分祓われた」と感じたら、言霊を発しましょう。**

音声をずっと流している場合は、朝や夜など、あなたの好きなタイミングでおこなってかまいません。「いまだ」と感じるタイミングが来たら、パッと言霊を発するのがポイントです。

毎日発してもかまいませんし、日にちを決めておこなっても大丈夫です。淡々とおこなうことが5次元へアクセスする秘訣です。

言霊の発し方は2通りあります。ひとつは**紙に書く方法**、もうひとつは**自分で宣言する方法**です。

祓詞には「搬送波」というエネルギーの波があります。その波に言霊を乗せ、5次元へと届けます。

1. 紙に書く方法

紙に言霊（願望）を書き、音声を流しているパソコンやスマホなどの上に置きます。メモ用紙でも使用済みになった紙の切れ端でもかまいません。

言霊を発する行為そのものが大事なので、置いておく時間は自由です。紙を長時間置きっぱなしにしたり、保管したりする必要もありません。

2. 自分で宣言する方法

音声を流しながらでかまわないので、**言霊（願望）を声に出すか、心の中**

で発します。大声を出したり、繰り返したりする必要はありません。淡々と1回言うだけで十分です。ただし、確信がない場合は3回繰り返します。

言霊（願望）の書き方・唱え方としては、自分が現実化したい目標や成就させたいことをそのまま素直に発します。自分の改善したいこと、ありたい姿、解決したい問題を発することも可能です。

ポイントは、「私の○○の願いがかなった」のように、**自分の意志を明確にして過去形で発する**ことです。

「好転反応」は、新展開への序奏

時折、「音源を聴きはじめたら、状況が悪化した」「ネガティブな気持ちが出てきた」とおっしゃる方がいらっしゃいます。たとえば、つぎのようなことが起こる場合があるのです。

風邪のような症状が続く、気分が落ち込む、自分が思ってもみなかった感情が湧く、仕事や遊びへの意欲がなくなる、良好に見えた人間関係が悪化する、いままで好きだったこと（仕事、趣味）に興味がなくなる、うまくいっていた仕事や計画が頓挫する、取引先が激変する……。

それらはすべて、**状況がよくなる直前、一時的に悪化する「好転反応」**です。

いままで溜まっていた毒が排出される「毒出し」ですから、問題ありません。抑圧していたエネルギーが現れたのだと受け止めましょう。

風邪を引くと、体は熱を上げてウイルスを退治しようとします。その作用と同じですから、「いまはよくなっていく直前だ」と捉え、起きる出来事を信頼してください。

祓詞の力によって、本来なら大きくなるはずだったトラブルが深刻化せずに済んだという場合もあります。

また、万が一トラブルやアクシデントが起きたとしても、そのおかげで新たな展開や人間関係が生まれ、結果オーライとなることもよくあります。

すべて、これから上昇するために、エネルギーのひずみが調整されているだけ。「適正化」のためのプロセスだと考え、静観するのが最善の策です。

その後しばらくすると、**あなたの適性に合った仕事や人づきあい、環境へと変わっていく**でしょう。

好転反応のあとには、仕事のレベルや業績が、何段階も一気にステップアップすることも頻繁に起きます。ですから、一時的に状況が悪化したからといって、過剰な心配はいりません。

もちろん、まったく好転反応がなく、音源を聴きはじめたとたんドミノ倒しのようにラッキーなことが起きはじめる方もいます。

効果は、早い人なら当日、遅い人でも1か月ほどで現れてきます。祓詞を流しはじめてすぐ、願いをかなえるための出来事が起きたという人もいれば、ずっとかけっぱなしにしていて忘れたころに、気がついたら状況が望み通りになっていたという場合もあります。ある瞬間から、フッと体が軽くなるような気がしたという人もいます。

私自身は、音源を聴きはじめてしばらくたったとき、**オセロのコマがすべてひっくり返ったように、状況がガラッと変わった感覚**がありました。人によってはそれと同時に、それまでやっていた仕事の一部に違和感を覚えるようになり、結果的に、仕事の内容が徐々に変わっていくこともあります。

効果が現れる時期は、その人が祓うべきゴミの量によってまちまちです。確実にいえることは、「100%何らかの変化が起きる」ということ。そして、それは「あなたの人生に必要な変化」だということです。

古来の秘儀！「鎮魂法」で現実を変える波を起こす

音源によって日々溜まるゴミを祓い、言霊を発していけば、自然に祓いと結びがおこなわれていきます。

それに加えて、自分自身で劇的に日常を変えていく作法が、神道にはあります。

それがこれからご紹介する「鎮魂法」。**魂を鎮めることで、5次元へとアクセスする方法**です。

鎮魂法は、現在ではほとんど知られていません。しかし、平安時代の書物『令義解《りょうのぎげ》』には、官僚や貴族が魂の修練法として鎮魂法をおこなっていると記されています。この方法は、**国家を動かす役人たちが仕事として取り組む自己修養法**だったのです。

その起源をたどると、神々の時代までさかのぼれます。

天岩戸の前で、アメノウヅメノミコトがアマテラスオオミカミを呼び出すために踊ったのが、鎮魂の舞踊とされています。

音源が、聴くだけで変化が起こる「受け身」の祓いであるとすれば、**鎮魂法は自分自身で能動的におこなう祓い**です。

個人差はありますが、鎮魂法をおこなったあとは、自分自身が変わったという明らかな変化がそれぞれに体感できるはずです。

その手順を紹介する前に、鎮めるべき魂のしくみについて、まず知ってください。

神道では、魂は「5つ」あるとされています。

荒魂《あらみたま》、和魂《にぎみたま》、幸魂《さきみたま》、奇魂《くしみたま》、精魂《くわしみたま》の5つです。

五魂《ごこん》は本来、その人の中にしっかりとおさまっていなければなりません。

しかし現代では、きちんと統合されるべき5つの魂が、バラバラになっている人がほとんど。いろいろな思考やとらわれ、エネルギーの影響などによって、**この五魂がフワフワと宙にさまよい出ている状態**です。

たとえば、きれいな女性が歩いていたとすれば、その女性に興味がいく。ライバルが仕事でいい成果を出したと知れば、心がざわつきイライラする。

このようなとき、魂は自分自身を抜け出ています。

すると、人や出来事に影響されやすくなります。そして、生まれもった能力を発揮できず、人生がうまく進まなくなっていきます。

鎮魂法は、さまよい出ている五魂をしっかりとおなか（ヘソの下）に鎮めます。

あなたが現実を創造しようとするとき、鎮魂法は非常に重要です。五魂が自分の中心にしっかりとおさまらないと、現実創造の「波」が発生しないのです。

波は、中心が一点に定まらないと起こせません。ですから、物事をなそうとしたら、起点を定める必要があります。**鎮魂法をおこなうと魂が体の中心に定まり、そこから現実を変える波を起こせるようになります。**

自分の中心を定めるために必要なプロセスがあります。自分が「神」であり「宇宙」だと実感することです。それが鎮魂法によって体験できるのです。

ぶれない自分になり、使命が見つかる

鎮魂法では、**イメージの中で地球と一体化するプロセス**をおこないます。これは何を意味するかというと、地球上に起きていること、善も悪もすべてを受け入れる行為。つまり「結び」そのものです。

このプロセスをおこなうと、**自分自身が「地球そのもの」「宇宙そのもの」であり、「神」であることに気づいていきます。**

すると、感情や思考が停止し、人間としての動きがいったんストップした

状態になります。それで、4次元から5次元へつながることができるのです。

「自分が宇宙や神になるなんて！」と戸惑うかもしれませんが、イメージの世界は自由ですから、気楽にチャレンジしてみてください。

これまでに何度もお話ししましたが、そもそも、あなたは「神」なのです。

この認識の根底には、**人間とは肉体を超えた存在であり、本来、宇宙と同じ大きさである**という神道の教えがあります。

自分自身が「すべて」であるわけですから、魂が中心に定まったあなたは、何が起きても動じることはありません。

すると、つぎのような変化が起こります。

◉感情が安定し、物事に左右されなくなる

人の言動や起きた出来事に過剰に反応して、一喜一憂することがなくなります。

乱れていた感情のリズムがワルツのように一定のテンポを刻み、穏やかになる感覚です。**日々淡々としていながら、主張するべきところは物怖《ものお》じせずに主張し、引くべきところは引く。**そういったふるまいがスムーズにできるようになります。

また、怒りや怖《おそ》れなど感情や思考にとらわれて堂々巡りすることもなくなります。

一言でいえば、感情をコントロールできるようになり、肝が据わった状態になれます。

◉使命が見つかり、願望達成が早くできる

それまで惰性や成り行きでやっていた仕事に対する意欲がなくなります。

その代わり、あなたが本当にやりたかったことや生まれもった使命に関連することに興味が湧き、そのサポートとなる新たなご縁が生まれます。

さらに、使命に関するヒントや情報が集まってきて、**自分が本来やるべきことが感覚としてわかり、無理のない形で軌道修正できる**ようになります。五魂を統合することで、自分が生きるべき人生と発揮すべき能力が見えてくるので、おのずと、本来のあなたがもっていた願望が達成されていきます。

実践してみよう！ 誰でもできる鎮魂法

本来の鎮魂法は、定められた作法にのっとり、神聖な秘儀としておこなわれていました。

ここでは日常的に取り組みやすいよう、現代人に合う形にアレンジしてご紹介します。5～10分ほどで終了しますので、毎日の習慣にしてください。

毎日の習慣にしたい「鎮魂法」

①静かで落ち着ける場所と時間を選んで、正座する（もしくは椅子に腰かける）

②右手親指と人差し指をつけ、太陽を表す輪を作る。つぎに、左手親指と人差し指で三日月を表す半月を作る

③左手で作った半月（月）の上に右手で作った輪（太陽）を乗せ、両手を丹田の下に置く（※143ページの図参照）

④呼吸を整える

⑤息を吸いながら、心の中でゆっくり1～5まで数える。その際、空気が喉を通り過ぎる感覚を感じる。息を止め、6～9まで数える

⑥10から、息を鼻でゆっくり吐きはじめる。一定の速度で吐くように心がけ、最後まで吐き切る。その際、空気が鼻の穴を通っていくのを感

じる。⑤⑥を3回繰り返す

⑦「我はアメノミナカヌシ(*1)の御末《みすえ》の御子《みこ》なり。遊離《ゆうり》の五魂、わが中府《ちゆうふ》(*2)に鎮まりましませ」と心の中で唱える

⑧半眼（目を半分ほど開けた状態）で、1、2メートル先を見る

⑨鎮魂の状態に入る

1　五魂＝意識のすべてが自分のおなかの中心にあることを認識する

2　おなかの中心に地球がスッポリ入っていることを意識する

3　地球と一体になった感覚を心ゆくまで味わう

⑩十分に味わいつくしたと感じたら、アメノミナカヌシに感謝して終了する

（*1）アメノミナカヌシ……天之御中主神。宇宙創造を司る神

（*2）中府……おなかの中心・丹田

ぜひ、これを日々の習慣にしていただきたいと思います。

ただ、いますぐ鎮魂法をやりたいけれど、外出先や仕事中で状況が許さない。そんなとき、一瞬で鎮魂できる裏ワザをお教えします。

両手の親指を残りの4指で握り、一言、「鎮魂されました」と言えばいいのです。

この指の形は自らがアメノミナカヌシであることを示し、「鎮魂」という言霊そのものに、魂を鎮める力があります。心が乱れる状況があったときに、両親指を握り、**この一言を言うだけで瞬時に祓われます。**

たとえば、会議が紛糾したときや目の前の相手とトラブルになりかけたとき、ピンチだと感じたとき、「ここは何か嫌な感じがする」と思ったときなど、このやり方で祓いましょう。

もちろん状況が許せば、落ち着ける空間を見つけて先ほどご紹介した鎮魂法をおこなうのがベストです。仕事中でも、必要だと感じたらいったん席を離れて鎮魂法をおこなってみてください。

すると、たとえば仕事相手と対立していても、ほどなくして和解したり、あなたの意見が通ったりして、状況が好転するでしょう。「怒りがおさまる」「相手の言動がまったく気にならなくなる」という形で問題解決することもあります。

仕事においては、**予想もしない展開が起きる、能率が上がる、トラブルが収束するなど、わかりやすい形で鎮魂法の結果が現れる**でしょう。

鎮魂の際の手の形

なぜ、「悪いこと」だけでなく
　　　　　「いいこと」も祓うとうまくいくのか

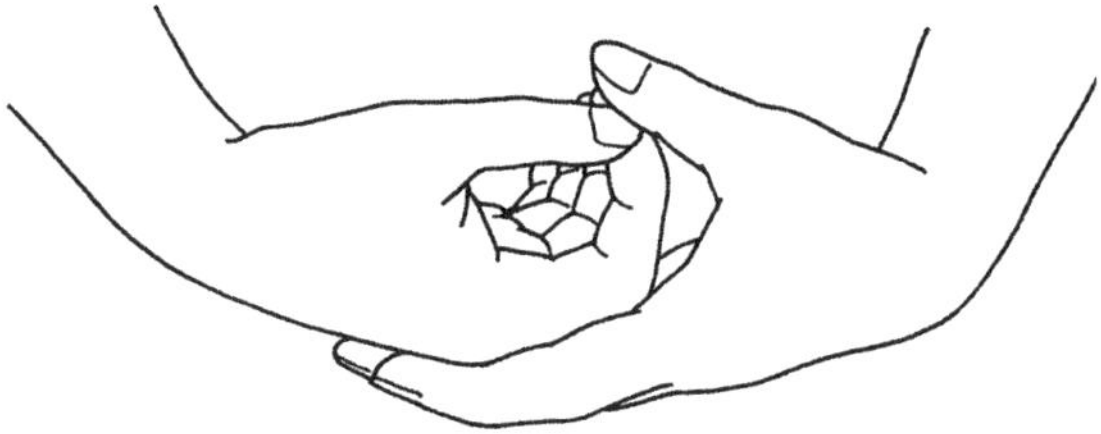

3章

人生が自由自在になる
「言霊」の出し方

日本語は「願望実現言語」である

私たちが使っている日本語は、「願望実現」のための強力な言霊《ことだま》をもつ言語です。

「言霊」という言葉を、ここであらためて正確に定義づけましょう。

言霊とは、「日本語の五十音それぞれに宿った現実創造のエネルギー」のことです。

日本語は、五十音、一つひとつが独自のエネルギーをもち、それぞれの組み合わせが無数の働きをして、あらゆるものを創造していく力を発揮します。

太古の人々は、それぞれの言葉に周波数（エネルギー）があると知っていて、自分たちの目的に合わせて言葉を使って、4次元という現実を創造していたのです。

日本語の大きな特徴は、すべての文字が単独で固有の意味をもつということです。これを、「一音語」といいます。

神道に伝えられた言霊学《げんれいがく》では、**日本語のすべての文字がそれぞれに日本の神と対応している**と考えます。それほど日本語は、ひとつの文字に込められた情報量とエネルギーが非常に大きいのです。

日本語の発祥は、1万年以上前とされています。正式には「**神代文字**」と**呼ばれる古代文字が基礎となり、現在の五十文字が形成されました。**

あなたは、日本という国が、世界でもずばぬけて古い歴史をもっているのを知っているでしょうか。

世界最古級といわれる土器は、青森県の大平山元遺跡で発見されました。約1万6000年前、縄文時代のものです。この遺跡には、火を使って煮炊きした跡も確認されています。

エジプト、メソポタミアなどの世界四大文明よりも1万年近く前の時代です。当時生まれたであろう日本語の原型は、その後変化を遂げながら1万年以上も生き抜いてきたのです。

日本語は私たちに与えられた贈り物であり、**人生を豊かにして、使命を生きるための貴重なツール**です。日本人は、そこに込められたエネルギーや精神性とともに、この優れた言語を受け継いできました。

これから言霊で人生を変えていくにあたり、ぜひこのことを心に留めておいてください。

「母音」と「父韻」で構成された絶妙な日本語のバランス

一般的に、日本語は「母音（aiueo）」と「子音（kstnhmyrw）」から成り立つとされていますが、言霊学では別の考え方をします。

日本語は「母音（aiueo）」と「父韻《ふいん》（kstnhmyrw）」から成り立つ。そして、この2つが合わさり、ひとつの文字（子音）になると捉えるのです。

たとえば、父韻「K」＋母音「A」＝「か（KA）」（子音）。「母」と「父」がひとつの文字となり、それが合わさって言葉となります。

また日本語は、「花（HANA）」「歩く（ARUKU）」「お茶（OCHA）」など、必ず母音で終わります。

このように、すべての言葉に母音が含まれる言語を、「母音優勢言語」といいます。世界にはおよそ6000種の言語があるといわれていますが、母音優勢の構造をもつのは、日本語、ポリネシア語、レプチャ語（インドやネパールなどの一部地域で話される言語）など限られた言語だけ。海外言語のほとんどは、「子音優勢言語」です。

しかも日本語は、母音と父韻が組み合わさり、「あ」から「を」、そして「ん」まで整然とした文字の一覧表が成立します。

このような**美しい構造になっている言語、そして、一音ごとに独自の働きがあり、清明なエネルギーが宿っている言語は、世界中を見渡しても日本語のみ**といっても過言ではないでしょう。

母音優勢言語とそれ以外の言葉の違いを端的に表すために、少し情緒的な表現をしてみましょう。

日本語は、どんなときも「母音＝お母さん」があるから寂しくありません。いつも満たされているから、それを使う日本人にも和合し助け合う精神性が根づいている。安心して周囲と協調しながら、自分自身のやるべき仕事へと向かっていける。

しかし、海外の言語には必ずしも「お母さん」がいるとは限らない。だから「足りない」「寂しい」という思いがある。それが、海外諸国が競争や拡大、対立する姿勢へと向かっていく遠因となっている……。

これはあくまでも、言語の性質から見た私見です。

一概に断じるわけではありません。

しかし言語は、日常で使うもっとも大切なツールです。**その構造の違いは、確実にそれを使う民族の精神性に反映されます。**

母国語の性質がその言葉を使う人間の精神性に影響を与えるのは、自然なことではないでしょうか。

このように書くと、「いや、アルファベットにも、ちゃんと母音の〝aiueo〟があるじゃないか」という指摘もあるでしょう。

確かに文字としては存在します。しかし、読み（音）が違います。日本語の「ア・イ・ウ・エ・オ」という純粋な音の周波数は、英語の〝aiueo〟からは発生しません。

この母音の「音」こそ、現実創造の重要なカギとなります。

日本語の音には、４次元と５次元をつなぐ強力なエネルギーがあります。

この言語を使う日本人として生まれたことは、現実を変える「魔法の杖《つえ》」をもって生まれたことと等しいといえるのです。

キリストの奇跡は、言霊の奇跡だった

言葉が現実を作ると考えてきたのは、日本人だけではありません。

どの民族や文化、宗教でも、言葉の力を伝えてきました。

たとえば、新約聖書の「ヨハネによる福音書」の一節「はじめに言葉ありき」は、あまりにも有名です。また旧約聖書の「創世記」では、神が「光あれ」と「言葉」を発したことで、この世界が始まっています。

イエス・キリストも「言葉」によって、さまざまな奇跡を起こしました。

彼は、不思議な霊力を使って奇跡を起こしたと考えられていますが、じつ

は違います。**水をワインに変えたのも、病の人を癒やしたのも、ときには死者をよみがえらせたのも、すべて「言葉」にして言ったから**です。

聖書の時代、まだ西洋と東洋の境界はあいまいで、どの地域においても言霊は現代よりも大きな力をもっていました。キリストの奇跡が言葉によってもたらされたのも、当然のことだといえます。

いま私たちも、たとえば体調が悪いときや痛みがあるとき、「大丈夫、大丈夫」と声をかけたり、あるいは自分でそのように言い聞かせたりします。

また、写真家が被写体の女性に「いいね」「かわいいよ」と声をかけると、女性の表情が次第にイキイキしはじめ、最後は別人のようになっていきます。

これも、言霊の力です。

人は言葉によって元気にもなり、美しくもなります。人間がその力を意識していなくても、言霊は、最高のヒーリング効果、美容効果を発揮しているのです。

そもそも、人間のあらゆるいとなみは、言葉があって初めて成り立っています。もし言葉をもたなかったとしたら、人はどのような生活を送っていたでしょうか。

自然界でひ弱な存在である私たちがここまでの繁栄を築けたのは、言葉でものを考え、コミュニケーションを取り、協力し合ってきたからに他なりません。

どんな発明も、まず言葉で発想し、試行錯誤を重ね、初めて現実のものとなります。また、政治、経済、産業、文化活動など、言葉なしで成立するものは何ひとつありません。

「思考は現実化する」という考え方がありますが、これは半分正しく、半分間違っています。**正しくは、「〝言葉〟は現実化する」のです。**

なぜかはいうまでもありません。思考は「言葉」によってなされるからです。

たとえば、「海」を思い浮かべようとしたら、「海」という言葉がまず頭に浮かびますね。同じように、成功している自分の姿をイメージしようと思ったら、自分がありたい姿がどんな状態かを、まず言語化します。

私たちの世界は、「まず言葉ありき」なのです。

一夜にして害虫を駆除した言霊のパワー

言霊は、火や水のように目には見えません。しかし、必ず存在します。しかも私たちは、その力を自由に操れます。

目には見えない言霊の存在が、誰の目にも明らかになった「奇跡」があります。

言霊の力で、稲の害虫であるバッタを一夜にして駆除できたのです。

詳細はこうです。2006年、新農法の実験のひとつとして、言霊を使って稲の害虫駆除をするという計画が持ち上がりました。

害虫といえど、ひとつの命。退治するのは、生命すべてを尊ぶ神道の教えに反します。私たちの研究所ではいったん断ったものの、再三の要請を受け「一度だけ」という約束で実験に協力しました。

その結果は驚くべきものでした。

ある区画だけに害虫を駆除する言霊を流したところ、翌朝、田んぼに多数いたバッタがすべてミイラ化していたのです。これは当時の農業雑誌に写真とともに掲載され、話題を呼びました。

こんなケースもありました。

ある農家が、ビニールハウスに地中から侵入してくるモグラの害に困っていました。

そこで、**ビニールハウスの周囲に言霊を流し「結界」を張ったところ、モ**

グラがそこから引き返した跡があったのです。

モグラが土を掘り進んだ跡は、トンネルのように盛り上がります。翌朝ビニールハウスへ行くと、モグラが「U」の字を描いて、文字通りUターンした跡が残っていたそうです。

例を挙げるとキリがありませんが、他にも、イノシシの害に遭っていた農家が畑を荒らされなくなったケースなども報告されています。

言霊が確実に、現実世界に作用していることがおわかりいただけたと思います。

言霊のように目には見えないものを「非科学的だ」と否定する方もいるでしょう。

しかし調べてみると、このように裏付けとなるデータが存在し、多くの実験結果が実証しているのです。

だったら、言霊の力を使わない手はない。この結果を見たとき、あらためてそう考えました。

バッタやモグラの例はわかりやすい形として可視化できましたが、目には見えなくても、言霊は4次元のあらゆるところに影響します。

たとえば、黒い絵の具をコップの水に溶かしたら、当然黒い水になります。

この絵の具が言霊の力を表すとしましょう。

つぎにそのコップに入った黒い水を、プールの水に溶かしたらどうなるでしょう。

水の色は透明のままですが、黒い絵の具の成分が消えたわけではありません。

目には見えなくても、プールの中にはしっかり存在しています。逆に、**あらゆるところに絵の具の成分が行き渡り、エネルギーを発することになります。**

言霊は、このようなしくみで普遍的に存在し、働いていると考えてください。

「言葉が脳内に浮かんだ時点」で言霊が発生する

ある高名な脳科学者は、「言葉に出さないと成功できないようであれば、それは本当の成功ではない」と発言しています。

つまり、「あえて公言しないとできない成功なら、その人が本来目指すべき成功ではない」ということ。言い換えれば、**「本当の成功像が自分の中に明確にあれば、口に出さなくても成功する」**と言っているわけです。

「本当の成功」についてはあとで述べるとして、ここでは「言葉に出さなくても成功する」という点について見ていきましょう。

この発言は、大切な事実を教えてくれています。

口に出して言わなくても、**「言葉が脳内に浮かんだ時点」で言霊が発生するという事実です。**

普通、「言霊」といえば、耳で聞く「音」や目で見る「文字」を思い浮かべるでしょう。正確にいうと、それは言霊とはいいません。

言霊の「燃えカス」のようなものなのです。

じつは、**頭の中で一音一音がつながり、ひとつの言葉が生まれた瞬間に、言霊は生まれる**のです。

……こういわれても納得しづらいかもしれませんね。少し専門的な話になりますが、補足します。

たとえば、あなたの中に「ありがとう」という意志が働いたとします。

その瞬間、脳内で「あ」「り」「が」「と」「う」のそれぞれの音がつながり、ひとつの言葉になります。

ある研究では、**その速さは、7500分の1秒～1万2500分の1秒の**

スピードだといわれています。その一瞬、あなたの意志が言霊となって力をもつ。そしてあなたが「空《くう》」の状態であれば、その言霊は5次元から4次元へと向かう。

だから、口に出したり書いたりしなくてもいい。**「自分はこの人生でこれをやるのだ」という覚悟と意志があなたの中に生まれていれば、それはすでに言霊として作用している**のです。

よく考えると、これは怖いことでもあります。なぜかというと、**あなたの意志がすべての現実を創造していく**ということだからです。

どんなに口に出して「成功するぞ」「夢をかなえるぞ」と言っていても、脳内であなたが「本当に成功できるだろうか」「失敗するかもしれない」と考えていたら、すべて言霊となって発せられます。

日ごろから何を考え、どんな意志を発しているか。私たちの普段の「あり方」が問われている。このことは、ぜひ心していただきたいと思います。

もちろん先ほど話したように、**声や文字にした言葉も、大きな力をもっています。**

仕事で深夜に帰宅し、無言で出迎えられたらガックリきますが、「お帰りなさい。おつかれさま」とねぎらわれたら、一日の疲れも吹き飛びます。また、ピンチのときや落ち込んだときに、「大丈夫」と人や自分に言い聞かせれば、前向きに進んでいけます。

これらも大事な「言霊」であることに変わりはありません。

ただ、言霊の本質（働き）は、脳内で言霊が生まれた時点で発生することは、ここでしっかりおさえてください。

あなたにとっての「成功」でなければかなわない

日本語のもつ力、言霊の性質について、わかっていただけたでしょうか。

では、5次元から4次元に届く言霊を作っていきましょう。その前に、あなたにとっての「成功」について考えていきます。

まず質問します。

あなたにとって、「成功」とは何でしょうか。

高級住宅地に住んで外車を乗り回し、贅沢《ぜいたく》な生活をすることでしょうか。

不労所得を得て、海外旅行に何回も行き、思いのままに時間を使うことでしょうか。あるいは、人がうらやむような仕事に就き、評価や名声を手にすることでしょうか。

周囲を見ると、そんなステレオタイプの「成功」を追い求めている人があまりにも多いような気がします。

人の成功を自分が求める成功と勘違いして、がむしゃらに追い求めてしまう。多くの人は、こんなワナにハマっている気がしてなりません。

だから、あえてここで自分に問い直していただきたいのです。

はたして、**いま自分が思い描いている成功は、「自分自身」の成功なのだろうかと。**

ここではっきりさせておきましょう。

いくら必死に目標設定し、努力しても、「自分オリジナル」「自分ならでは」の成功でなければ意味がない、とは言いません。それをきちんと見極めない限り、何年も結果を出せずに堂々巡りを繰り返すことになってしまいます。

自分の魂が何をやろうとして生まれてきたのか。この世で何をすべきなのか。

それは、人それぞれ違います。稼げば稼ぐほど偉いわけでも、その人が自分の使命を果たしているわけでもありません。

年収500万円でも、多くの人を幸せにし、自分や家族も満たされている人は「成功者」です。

逆に、資産が100億円あったとしても、いつもイライラして、人から奪うことばかり考えている人は、真の成功者とは呼べません。

「本当の願い」を見つける2つの質問

本当の成功を手にするためには、「本当の願い（言霊）」を見つけなければいけません。私たちが「これが自分の願いだ」と思っているものが、じつは自分の本質から生まれたものではない場合も少なからずあるからです。

たとえば、「○○になりたい」「○○をしたい」と言う人にその理由を聞いてみると、「かっこいいから」「儲《もう》かりそうだから」といった答えが返ってくることがあります。

世間の常識やマスコミに影響されて、人からの「借り物」の夢や目標をかなえることが、自分の成功であり、使命だと勘違いしている人が多いのです。

自分の本質から生まれたものでないと、いくら「言霊」を発しても5次元から4次元には届きません。だから、いくら熱心に言霊を発しても、いつまでも現実化できません。

万が一、現実化したとしても心が満たされなかったり、トラブルが起きたりして、「長い目で見ると失敗だった」ということになりかねないのです。

あなたの人生を本当に豊かにする言霊（願い）を見つけるために、これから2つの質問をしましょう。

《質問1》

あなたの「本当の願い」とは何でしょう。あなたがいま、**今後の人生で本当にやりたいと思っていること、「使命だ」と感じていること**は何でしょう。

少し時間を取って、考えてみてください。

……どんな願いや使命が浮かんできたでしょうか。

社会的に意義のある仕事をして賞賛や評価を得ることかもしれません。

あるいは、一生困らない資産を築き、その資産を世のため人のために使いたいと考えているかもしれません。

なかには、幸せな結婚をすることやあこがれの地に旅行すること、何かの賞や資格を取ることが夢だと考えている人もいるかもしれません。

または、家族と平穏無事に暮らすことを願っている場合もあるでしょう。

経済面、仕事面、プライベート……。どんなことでもかまいません。人から見たら笑われるような願望や夢でも大丈夫です。**制限を設けず、どんどん書き出してください。**

すべて書き出したら、その願いを見返します。

そして、再度自分と向き合って、それが本当に自分のやりたいことなのかを検証します。

自分をごまかしたり、本当の願いなのに「やっぱり無理だ」とあきらめたりしていないかをチェックしてみてください。

《質問2》

質問1で書いたことがかなったとします。

そしていま、あなたは死を迎える直前です。

願いをすべてかなえた自分を見て、あなたは何を感じ、どんな思いを抱くでしょうか。自分にどんな言葉をかけたいでしょうか。

自分の気持ちを正直に感じ、じっくり考えてみてください。

そこにあなたの「本心」があります。もし質問1の答えが、自分の本質から出たものではなかったとすれば、違和感や居心地の悪さがあるはずです。それは、あなた自身が一番よくわかるでしょう。

「自分は後悔するかもしれない」と気づいたら、それはあなたの「本当の願い」に気づくチャンスです。

質問1と2を繰り返し、「**よし、やっぱりこれがこの人生でかなえるべき本当の夢だ」と感じたら、言霊を発していってください。**

私たちは日ごろ、自分自身と向き合う作業に慣れていません。ですからはじめは、戸惑いもあるでしょう。

「質問1と2の答えがよくわからなかった」「ピンと来なかった」。そんな場合は時間を置いて、後日やり直せば大丈夫です。

答えを急ぐ必要はありませんし、何度やっても問題ありません。真剣に自分の願いと向き合ってみると、必ずあなたなりの答えが見えてくるはずです。

「最善最高の形」で成就することを願う

願いがスッと届く言霊を作るためには、つぎのポイントがあります。

■数値目標やかなえたい時期、条件などは、基本的に入れない

具体的な数字や時期を入れると意識に制限が生まれ、**それ以上のものに出会えなくなってしまいます。**また、自分の頭で考えた目標が、じつは自分にとってベストではないこともよくあります。

「最善最高の形で」「ベストタイミングで」などの文言を使うことをおすすめします。

■過去形、断定形で書く

5次元は言霊を忠実に現実化します。そのため「○○しますように」と書くと、その願いの通り、「かなっていない現実」がずっと続くことになります。

ですから、すでに願いが現実になったと想定して「願い」ではなく、「かなった現実」を言霊にしてください。たとえば、こんな感じです。

「○○が最善最高の形で成就しました」
「○○がベストタイミングでかないました」
「最高のパートナーに出会いました」

「そんな願い方では漠然としていて、結局かなわないのでは」と不安になるかもしれませんが、大丈夫です。

具体的な希望に限定せずにうまくいった例を、ひとつご紹介します。

ある土地の所有をめぐって、ご近所トラブルになったことがありました。

私も巻き込まれたのですが、現実的に問題を大きくしているのはBさんという人物だけ。彼の横暴な言動によって私たちは振りまわされ、事態は混乱していきました。

私は、**Bさんにフォーカスするのではなく、その土地を最適な方が所有して地域の役に立つようになり、みんなが和解するよう言霊を発しました。**

すると、突然Bさんが主張を撤回せざるを得なくなる状況が発生し、私がひそかに最適だと思っていた方が土地を所有することになったのです。

言霊を発しつづけると、夢はあなたの使命に進化する

もしあなたが、「いや、自分は具体的な金額や時期を指定したいんだ」と考えるなら、その希望のまま言霊にして発してもかまいません。本当にそれが、あなたにとって必要なことであれば、現実となって反映されるでしょう。

しかし言霊を発しつづけていくと、**はじめに設定した希望が変化すること**

がよくあります。

不思議ですが、最初願っていたことが次第にどうでもよくなってくるのです。

なぜそういうことが起きるのか。それは、「空」になり言霊を発した時点で、その願いが「完了」してしまうからです。

言霊が5次元から発せられると、そのまま情報として「現実」となります。するとあえて4次元で体験しなくても自分は満足できる。だから、言霊にした願いをスッと手放せるのです。

また、日々祓《はら》いつづけながら言霊を発すると、**自分の発した言霊すらも祓うことになります。**

それで、世間や常識に影響されていた当初の願望が祓われ、**本来の使命からの願いが浮き彫りになってくる**のです。

よけいな砂が払い落とされて美しい像が現れるように、新たな願いがあなたに生まれてきます。**それこそが、あなたの使命に基づいた、本当の願いです。**

もしかするとあなたは、「一度決めた夢や目標をコロコロ変えるなんておかしい」「そんなことでは、いつまでも願いはかなわない」と思うかもしれません。

とくに私たち日本人は、「いったん決めたことは最後までやり通さなければならない」という観念をもっています。

でもそれは、古い思い込みであり、間違った信念です。**私たちはもっと自由自在に生きることができます。**願いや夢は、日々新たに刷新されていいのです。

チームを作って言霊を出せば増幅される

チームを組んで取り組むと、言霊がより早く確実に現実化していきます。

もちろんひとりでも言霊の力は使えますが、**仲間と言霊を発すると、その力が何倍にも増幅され、より結果が出やすくなる**のです。

ベストなチーム編成は、3人。3人だとエネルギーが統一されやすく、同時にダイナミズムが生まれます。

「3」は、神道では特別な数です。

まず、天皇家が受け継いできた宝物も「三種」の神器。また、日本神話は「造化三神」に始まり、「三貴子」で締めくくられます。

それぞれ3柱の神様が登場して完結するため、「神道は三に始まり、三に終わる」といっても過言ではありません。

2本の柱では立体物はできませんが、3本あればお互いに支え合って自立します。「三人寄れば文殊の知恵」「三位一体」という言葉もあるように、**3という数は物事をなしていくために最適な数**なのです。

おこなうことは、ひとりの場合と同じです。**音源の祓詞《はらいことば》を流しながら、それぞれの願望を発信していく。**これを定期的に集まり、おこなっていきます。

その際に、お互いの状況を報告しサポートし合えるのも、チームを組む大きな魅力です。自分だけの願いではなく、相手の願いもかなうように祈り支え合う行為が、言霊の現実化を大きく後押ししていきます。

私の講座では、この方法で多くの仲間が助け合いながら結果を出しています。

真面目にひざをつき合わせて言霊を発するだけでなく「言霊飲み会」や「言霊お茶会」のような気軽な会でもいいのです。

不平不満やグチを吐き出す飲み会は、言霊の力をわかっていない人たちのやることです。お互いの希望を語り、励まし合いほめ合っていい言霊を発する会なら、楽しく願いを実現していけるでしょう。

ぜひあなたも、身近な人とチームを作り、みんなで願いをかなえていってください。

アファメーションの前にするべき大切なこと

ここで、既存の成功法則のなかで、とくに代表的なメソッドがもつ問題点を見ていきましょう。

それらの法則がうまくいかない構造を知ると、祓いと言霊が現実に作用するしくみがより理解しやすくなるはずです。

まずは、アファメーションです。

自分の願望や肯定的な言葉を繰り返し宣言することで気分が前向きになり、アグレッシブに行動できるので、成功もついてくる。これが、アファメーションの原理です。

でも、アファメーションによって成功を手にした人が、あなたの周りに何人いるでしょうか？　あるいは、あなた自身はどうでしょう？

もちろん、アファメーションが効果的に働く場合も多くあります。しかし、成功例と同じくらい、いやそれ以上にうまくいかなかった例も多いはずです。

その原因は明らかです。**アファメーションにはもれなく、言葉を発する人の「不満」や「不安」が貼り付いている**からです。

アファメーションは、強い意志と信念をもって何度も繰り返すべきだといわれています。

しかし、意識を祓わずにこれをやりつづけると、アファメーションの裏にあるネガティブな思いを強化し、どんどん願いから遠ざかってしまいます。

不満や不安、あるいは、自己否定や渇望感、執着。欲が祓われず意識に残っていたら、どんなに一生懸命アファメーションを繰り返しても、残念ながら無駄になってしまうのです。

「お金持ちになるぞ」「私はお金持ちになった」「私はお金持ちになろうとしている」……どんな言い方をしても、じつは同じです。

その言葉の裏に「私はいまお金持ちではない」という意識が残っているのですから、徒労感や自己否定感だけが残る結果になるでしょう。

たとえていうなら、**アファメーションは、根っこを残したまま雑草を刈って、その上に美しい草花を植えているようなもの。**土の中に根っこが残っているので、しばらくするとまた雑草がはびこっていきます。

アファメーションがうまくいかない人は「思いがなかなか実現しない」とボヤきますが、客観的に見れば、その人の思いはしっかり現実になっているのです。

逆に、**意識の中にあるゴミをきれいにクリーニングしてしまえば、アファメーションは言霊となり、結びの力を発揮します。**

「夢のコラージュ」はいますぐ処分しなければいけない理由

ビジュアライズやイメージングは西洋発の成功法則では定番ですね。でも、じつはかなり危険です。

とくに、実現したいことや理想の姿、欲しい物などの写真や切り抜きをボードに貼り、常に眺める「夢のコラージュ」は、作成した時点での夢や成功にとらわれてしまう怖《おそ》れ大です。

本来の私たちは、無限の可能性をもち、日々進化しています。ですから、**夢や理想は変わっていくのが自然なあり方です。**

しかし、コラージュを作ると、その夢に固定化されてしまうのです。

そうなると、本当だったら到達できたはずの地点に行けなくなります。また、コラージュを作った時点の夢が、自分の本質とは違う部分から出ていたとしたら、その間違った「夢」がかなう結果になってしまいます。

それだけではありません。夢を毎日見つづけることで、執着やとらわれが生まれてしまいます。すると、本来ならスッとかなうはずだった最高の夢に、いつまでたってもたどり着けない事態になってしまうのです。

さらに、「○年○月までに」などといった文言が入っていたら、それもまた、制限となって成功への足かせになります。

もしいま、**あなたが夢のコラージュを作っているとしたら、いますぐはがして処分しましょう。**

「ワクワク」から卒業したほうがうまくいく

「ワクワクすることをすれば成功する」という言葉もよく耳にします。

しかし周囲を見渡してみると、ワクワクにしたがって成功した人は限られているように思えます。

多くの人がつまずく原因は何かというと、ワクワクしていると、その感情そのものにエネルギーを使ってしまい、本来発揮すべきところで出せなくなるからです。

つまり、**夢についてワクワク考えたり、書いたり、計画したりすることにエネルギーが奪われ、現実で行動する力が弱まってしまう**わけです。

夢を思い描いたり、計画を立てたりしている間は楽しくできても、ワクワクする気持ちの分だけエネルギーは放出されていきます。

だから、結びの力である、現実化の力が減っていくわけです。

あなたの周りにも、これからやりたいことをいつも嬉々《きき》として話しているのに、行動がなかなかついていかない人がいるのではないでしょうか？

5次元につながって本当の願いが現実になるときは、淡々とした気持ちで

す。平常心でやるべきことに取り組めます。静かな喜びの中に大きな安堵感《あんどかん》があるのです。

そして、願いを達成したあとは、やり切ったという充足感と感謝が湧いてきます。

ですから、ワクワクすることを探さなければと焦らなくても大丈夫なのです。

目の前のことを淡々とやりながら、日々祓っていけばいい。そうするうちに、自然に「これをやりたい」という思いがあふれてきます。

熱を込めて取り組むより、淡々と冷静なほうがかなう

これまで私たちは、願いをかなえるには努力や情熱、時間が必要だと思い

込んできました。しかし、自分の願望に熱い思いを込めたり、時間をかけて努力したりするのは、かえって逆効果です。

そういった態度は**「熱」や「重さ」となり、5次元へのアクセスを邪魔するのです。**

「熱」や「重さ」という概念は、5次元にはありません。

言葉遊びのようになりますが、思いは「重い」エネルギー。発するエネルギーが軽ければ軽いほど、5次元へアクセスしやすくなり、夢が現実になりやすいのです。

つけ加えると、この人生で熱を込めて取り組んだことが、その人の本質にあまり影響を与えていないことがよくあります。

たとえば、華やかな実績を残しても、内面は恨みや苦しみでいっぱいだったということも多々あるのです。

本当に重要なのは、**その人が普段どのような「あり方」だったのか、何か**

を成し遂げようと力んでいないときにどうだったのかです。

人生に反映されるのは、「いつもの自分」であり、その自分に合ったものが引き寄せられるからです。

あなたが「夢をかなえるためにがんばります！」と懸命に努力するタイプだったら、気をつけてください。

そう力強く宣言した瞬間に、あなたのエネルギーが、全部その発言に使われてしまいます。「ワクワク」と同じように、本来がんばるべき現実の行動で力を発揮できないのです。

ダンスや音楽などでテンションを上げて躁《そう》状態になり、モチベーションを高めようとする努力も同じです。そうすると一時的にパワフルな気持ちにはなれますが、数日もすると元の低いテンションになってしまうでしょう。

もちろん、それでも意志力が強ければ成功できなくはありません。しかし、時間がかかります。

また、**本来なら大きく成功できるのに制限付きの成功になる。**あるいは、いったんは成功しても、反作用によって失墜してしまう。そんなことが起きるのです。

5次元のイメージを言葉にすると、そこは時間も空間も熱も重さもない「場」です。カラッと乾いた超軽い世界。まさに「空」です。

だから、言霊がフッとそこから飛び出したら、サッとかなう。そういうことが可能になるわけです。

いずれにしても、日々、祓いを続けていけば、執着もワクワクも力みも祓われます。そして、穏やかに冷静さを保ちつつ、自分の本質で生きられるようになります。

確信よりも、「体感」せよ!

2、3章で、「和の成功法則」の実践について、たっぷりお伝えしてきました。

しかし私は、祓いや言霊の力を「確信」しているわけではありません。

「え、信じてないの!?」と驚くかもしれませんね。

あなたは、太陽が東から昇ることを「確信」していますか?

あまりにも当たり前すぎて、確信すらしていませんよね。

誰も「明日、太陽は東から昇るのだろうか」と考えたりはしません。疑う余地のない話ですから。

自分自身を祓って言霊を使うと、思う通りの現実を作れるという事実も、それくらい「当たり前」のことなのです。

ですから私は「確信」しているのではない。

ただ「そうだ」と思っているだけです。

思うことすら、思っていないくらいの「思う」。つまり、太陽が東から昇ると思うくらい、リモコンのスイッチを押したら、テレビやエアコンがつくのと同じくらいに、当然だと思っているのです。

「確信している」と誰かが言うとき、本当は「確信しようとしている」に過ぎません。繰り返しますが、真の意味での「確信」は、太陽が東から昇るくらい当たり前だと思っているということです。

プロローグの体験談を寄せてくれた方は、『和の成功法則』によって、自分が成功するのは当たり前」と思っていたから、100％成功したのです。

では、どうしたらその「当たり前」になれるのか。

残念ながら、頭でいくら考えても無駄です。

ゾウを見たことのない人は、言葉を尽くして説明しても、ゾウの姿を正確に想像することはできません。また、メロンを食べたことのない人に、その味を正しく理解してもらうことも不可能です。

でも、ひと目でもゾウを見たら、あるいは、一口でもメロンを食べたら、一瞬でわかります。

一番の早道は、自分自身で「体感」すること。これしかありません。

音源の祓詞を流して祓いつづけ、言霊を発してください。

そして日々やるべきことを、淡々とやりつづけてください。

そうすれば、あなたの人生に起こるべき変化が必ず起こります。「あ、これか！」とわかる瞬間が来ます。

そこで起きた感情や得た成果も祓いつづけ、ただ言霊を発していくのです。

すると、生きていることを楽しみながら自由自在に生きる道が、その先に続いています。

自由自在に生きるとは、どんなことか。

4章では、本当の成功と使命について話を進めながら、「和の成功法則」がどのような人生を可能にするのかについて、さらに踏み込んでお伝えしていきましょう。

4章

使命を見つけ、真の成功者になる方法

本当の成功者は誰か？

これまで私たちは、成功は「つかみとるもの」「がんばって手に入れるもの」だと教えられてきました。しかし、その力みや思い込みは不要なもの。だから、祓《はら》ってしまえばいい。すると、〝成功することが当たり前〟の世界が広がっています。

何があってもなんとかなるし、どうせ成功するとわかっている。楽に生きられる。そんな世界です。

そんな成功者とは、どんな人なのでしょうか？

真の成功者とは、「公」の視点で生きられる人です。

「公」の視点とは、「自分以外の人」や「世の中」をおもんぱかる立場、相手を尊重する立場のことです。

では、「公」のために生きるとはどういうことか。具体的には、自分ではなく、まず人にも満足してもらうことです。相手も自分も利益を得るにはどうすればいいか、**自分が得た利益をどのように活用したら、社会に還元できるか。そんな視点をもつ人こそが、本当の成功者**です。

「公」の視点に立つためには、私たちが普段行き来している「意識の階層」の概念が役立ちます。つぎの一覧を見てください。

第一階層……1次元　体、私――――――――――――――――点
第二階層……2次元　情、他者―――――――――――――――線
第三階層……3次元　魂、仲間（家族・社員など）――――――面
第四階層……4次元　霊、社会―――――――――――――――空間
第五階層……5次元　神、宇宙―――――――――――――――宇宙

神道では、**私たちの意識（思考）状態には、この五階層がある**と考えています。

意識のもち方によって、つながる階層や影響を及ぼせる次元が変わってくるのです。

「私」の視点でいるときは、第一階層（自分）と第二階層（相手）だけにとらわれている状態です。

「公」の視点に立つと、４次元から５次元の階層へと一気に上がります。そして、**及ぼす影響の範囲とインパクトがまったく変わってきます。**

日ごろ私たちは、自分自身や、自分と関わる相手のことを考えながら行動しています。これは、第一階層と第二階層を行ったり来たりしている状態です。

第一階層までは、自分自身の快楽と感情を満足させる段階。

第三階層より上に行くと、「世のため人のため」という意識に移ります。

そして、自分自身も含めたすべてを俯瞰《ふかん》するのが、第五階層の視点です。

第五階層に立つと、**自分の置かれている状況の全貌がわかり、それまでとはまったく違った観点から現実を見られる**ようになります。

自分と他者、自分と周囲の関係を包括的に見られる監督的な視点です。これが「公」の視点であり、つきつめていくと「神」の視点になります。

逆に、「公」の視点を意識して生きていると、自然に第五階層に移動します。そして、意識が第五階層に移動すると、5次元とつながりやすくなります。そのためにも「公」の視点で生きようとすることが重要になるのです。

「公」で生きると「私」の成功も自動的についてくる

「自分が成功していないのに、人のためなんておこがましい」「『公』のために生きるなんて、きれいごとに過ぎない」という意見もあるかもしれません。

しかし、**「公」の立場で生きたほうが、結果的に早く願いをかなえることができる**のです。「公」がかなえば「私」がかなうし、おまけのように、自分自身の望みは満たされるのです。

なぜかというと、「公」の視点に立つことで、**まったく違った立ち位置から行動できるようになる**からです。

「公」の視点で可能になる立ち位置とは、どんなものでしょう?

「私」の視点でいる限り、常に誰かと戦い、競争しなければなりません。

「〝私〟はこうしたい」「〝私〟はこれが欲しい」と言っていると、永遠に誰かと自分を比べたり、人に勝とうとしたりしなければいけません。

いつまでも「自分」から自由になれないのです。

しかし、「私」を越えて「公」の視点に立つと、視界が変わってきます。

自分ひとりではなく、**他者との関わりの中で成功することを考えるように**

なります。気がつくと、それまでとらわれていた比較や競争、不安から抜け出せています。

ライバルが何億円稼いでいようと、嫉妬や競争心に惑わされることはありません。また、他者に勝たなければという焦りがなくなり、自分自身の意志に集中できます。

視座がガラッと変わることで、**よりパワフルになれるし、行動パターンも変わってきます**。当然、得られる結果も変わってきます。

さらに、「公」の立場で生きることで、第五階層（5次元）につながりやすくなります。つまり、成功しやすくなるということです。

「公」のために生きるというと、「自分を捨てて人に奉仕しなければ」と捉える方も多いかもしれません。

しかし、**本当の「公」とは、「自分自身も含む全体」**という意味です。だから、自分も満足させつつ、人にも満足してもらう。これが目的なのです。

「小欲」をもてない人間は、「大欲」ももてないともいいます。

つまり、自分自身のために生きなければ、人のために何かしようという気持ちにもなれないというわけです。

確かに、自分が成功しないで、人の成功のために生きるのは、ちぐはぐな話です。

自己実現より、みんなで成功する「自己超越」の生き方

では、なぜ「公」で生きると「私」がかなうのか。

普段私たちは、自分と他者を切り離して考えています。一人ひとり肉体をもっている以上、これは当然かもしれません。しかし5次元においては、**すべての存在がつながっています。**

ということは、**自分の幸せをどう追求するかが、他者にも影響を及ぼすこ**

とになります。また、他者の成功を応援することが自分自身の成功にもつながるのです。

心理学者マズローは、人間の欲求にはつぎの5段階があり、第一欲求から順に実現しながら、最終的には自己実現を目指していくと唱えました。

第一欲求（生理的欲求）→第二欲求（安全欲求）→第三欲求（社会的欲求）→第四欲求（尊厳欲求／承認欲求）→第五欲求（自己実現欲求）

これは非常に有名な概念なので、あなたもピラミッド形になった5段階図を見たことがあるかもしれません。

しかし晩年、彼は自己実現の先に、人間には第六の欲求があると発表したのです。

それは**「自己超越」の欲求**です。自己超越こそ、「公」の視点で生きること。**我欲を越えて、自分と他者がともに成功していくことを目指す生き方**です。

自己超越の段階ではすべてを超越しているので、「自分が稼ぎたい」とか「自分を認めてもらおう」という小欲から自由になれます。

また、誰が何をしていようがおかまいなく、なんと批評・批判されようとも気にすることなく、ただ使命に向かって邁進《まいしん》できます。

それも、**自分ひとりの成功ではなく、一緒にいる仲間と同じ志をもって実現させていく成功**です。

この生き方が楽しくないはずがありません。

自分ひとりの目標や成功を目指す「自己実現」はもう古い。しかも、自己超越を最初から目指したほうが早く真の成功へたどり着ける……だとしたら、「自己超越」こそ、これからわれわれが目指す生き方だと私は思います。

そして、「公」の視点に立てば、それが可能になるのです。

悪いことこそ大歓迎！

「『公』のために時間やお金を使うと、損をする」

「自分にはそんな余裕がない。成功したあとの話だ」

その言葉の裏には、こんな思いが隠れているかもしれません。

「できれば、損はしたくない」

「人に何かをするのは、まず自分が得をしてからだ」

しかし、**「公」のために損をする覚悟があると、得がついてきます。**しかも、何倍にもなって。

逆に、損を覚悟でやったことで得をしないほうがむずかしいくらいです。

すでにお話ししましたが、**いいことと悪いこと、どちらか一方だけが起きるということは、4次元に生きている限りあり得ません。**

なぜかというと、人間は意識の進化と成長のために、この4次元で生きているからです。

意識を成長させるためには、試練や課題も必要です。それが、人間から見ると「思い通りにならないこと」や「嫌なこと」「不幸なこと」の場合があるのです。

でもそれを乗り越えると、必ず成長というごほうびがあります。

このしくみを理解すれば、まったく違う人生が展開されていくでしょう。

嫌なことがあっても、批判や中傷を受けても、大丈夫。「コインの裏」が出たら、そこに付随する感情をしっかり祓いましょう。すると、**「成長」という「コインの表」がちゃんと見えてくるので、気になりません。**

また、「どうせ成功する」と知っているから、たとえいま、成功といえる人生を送っていなくても焦らなくてよくなります。肩に力を入れてがんばってしまうことが無駄だとわかり、リラックスできるようになるはずです。

すると、自分のやりたいこと、やるべきことに自然体で集中できるようになります。

いかがですか？　カメラのアングルが変わるように、いままで見ていた世界とまったく異なる世界が目の前に広がっているのではないでしょうか。

この世界観がわかってくると、日々のアクシデントも余裕をもって楽しめるようになっていきます。**もし嫌なことが起きたとしても、テーマパークのちょっと怖いアトラクションを楽しむような感覚**です。

「つぎは、どんなキャラクターが出てくるんだろう」と、ゲームを楽しむように、起きた出来事に対処できるようになります。

逆に、**いいことが起きても有頂天にならず、淡々とやるべきことに集中できます。**

自分の状況を高い視点から俯瞰できるようになるので、感情や思い込みに振りまわされることなく、どんなときも最善の道を選べるようになるのです。

悪いことが起きても、祓いによって変える「逆吉の技」

このように、考え方ひとつで、出来事の意味は変わります。

あなたは普段、起きた出来事に「いい・悪い」のレッテルを貼ってはいないでしょうか。しかし本来、出来事そのものに善も悪もありません。

たとえば、車で事故を起こしたら「悪いこと」です。しかし、その事故のせいで飛行機に乗り遅れ、その飛行機が墜落事故を起こしたとしたら、交通事故は「いいこと」に変わります。

また、ケガをしたら「悪いこと」ですが、入院先で結婚相手と知り合ったとしたら、「いいこと」です。こんな例は、日常にいくらでもあります。

そもそも、5次元は「何でもあり」の世界なので、善悪の判断すら存在しないのです。ですから、言霊《ことだま》を発すれば、「そのまま」実現するわけです。

たとえ、一見ネガティブなことが起きたとしても、固定観念によって、良し悪《あ》しを判断するのではなく、起きたことを淡々と祓っていく。こうすると、**二項対立の価値観から自由になりエネルギーが統合されます。**また、5次元へのアクセスが加速し、階層も一気に上昇していきます。

だからいま私は、**「ネガティブな出来事が起きたら、チャンス到来！」**と考えます。

一つひとつの出来事を、人生の「波」だと考えてください。

2章で、鎮魂法をおこなうと、波が起こせるようになるとお話ししました。波が上下に揺れるように、現実を作る波にも「いいこと」と「悪いこと」と思われる2つの波があります。そして、2つの波は交互にやってきます。

つまり**悪い波が来たら、つぎはいい波が来る**わけです。

「和の成功法則」の世界には「逆吉《ぎゃくきち》の技」という言葉があります。

悪いことが起きても、祓いによって「吉」に変えられるということです。

大きなトラブルやネガティブな出来事ほど大きな波が起きるわけですから、それに見合った大きな「吉」が来るのです。

悪い波が来たときに「ちぇっ、ついてない！」とふてくされるのか、「よし、チャンス到来！」と適切に対処し、つぎへの準備を進めるのか。どちらを取るかで、つぎに来る波の高さも時期も大きく変わってくるということです。

自分自身で使命を見つけるための3つの柱

不要なものを祓いつづけていれば、自然に使命にたどり着くことは、これまでお話ししました。

ここでは自分自身で使命を見つけるために、指針となる3つの柱をお教えします。

- これまで経験してきたこと
- 自分が得意（不得意）なこと
- なぜか強くひきつけられること

自分自身を振り返り、この3つをピックアップし検討してみるのです。そこで浮かび上がったものが、あなたならではの使命につながります。

過去に不得手だったことは、どんなにあこがれがあっても使命からはずれることが多いようです。

しかし、人は意外に、自分の苦手なことや弱点を見極められないものです。そのせいで遠回りしないために、あえて不得意だったことも含めて、しっかり自分の特性に向き合ってみましょう。自分の苦手なことがじつは得意なことであったという場合もあります。

一説によると、いま日本には、３０００種もの職業があるといわれています。

その中には、数十年前は想像もしなかった職業も多数含まれます。もし、あなたのやりたいことが見当たらなければ、新たに仕事を作ることもできるわけです。

言霊を発していくと、**それまで得意だった仕事や、自分の夢だと思っていたことに違和感を覚えはじめる場合があります。**

あるいは、**不得手だとあきらめていたことに強烈な魅力を感じることもあります。**

たとえるなら、子どものころは夢中になって遊んだオモチャが、成長するにつれて色あせて見え、代わりに以前はまったく関心のなかったものに首ったけになるというようなことです。

私の場合、ある時期まで人前に出るのは苦手で、パーティーでのあいさつや結婚式のスピーチを頼まれると、相手には申し訳ないと思いながらも、ほぼ100%断ってきました。

それは子どものころから同じでした。授業中に先生に指されるのが嫌で嫌で仕方ありませんでした。クラスのみなの前で国語の教科書の文章を読み上げるのさえ、途中でつっかえてしまい、まともにできた記憶がありません。

そんな状態のまま学生時代を過ごし、大学を卒業し石油会社に就職しました。まだ若かったこともあり、当時の私の希望は油田の開発にありました。

けれども配属された先はプラスティック原料の営業部署。営業だけは絶対にやりたくないと思っていたら、案の定です。

けれどもなぜか営業成績はよく、商社や同業の会社からスカウトされたこともありました。もちろん、自信がないのでいくら条件がよくてもそれに乗ることはありませんでした。つまり、もともと対人折衝が好きなわけではないので、いつかボロが出るだろうと考えていたのです。

その後、神道と言霊の教えに触れたことは、私にとって運命的な出会いとなりました。日々の祓いとともに、そこから浮かび上がってきた使命ともいえるものが、この素晴らしい日本の叡智《えいち》をひとりでも多くの方にお伝えしたいということです。

現在、私はこの「和の成功法則」をはじめ、いくつかのセミナーで多いときには数百人の前で話をする立場にあります。昔の自分が見たらなんというでしょう。

結局この**使命への気づきにより、自分のこれまでしてきたことが、そのための準備であった**ことがわかります。

そうした過去の経験にいいも悪いもなく、すべてが完璧であったとわかるのです。

「でも、自分の使命がまったくわからないし、あるとも思えない」と言う人に、もうひとつ質問しましょう。

「あなたが生まれる前に、この世でやろうと決めてきたことは何ですか？」

いまあなたは、「それは何だろう」と考え込んだのではないでしょうか。少なくとも、「そんなもの、決めてないよ」とは思わなかったはずです。

私は思います。自分の使命は何か。あなたが考え込んだのは、その使命を知っていたときがあったからに他ならないのではないかと。

ただし、その使命がいまわからなくてもいいのです。

いまあなたを覆っているゴミがこれから祓われる過程で、それは必ず見えてきます。

使命を生きると「人・もの・金・情報」が自然にやってくる!

自分の使命を生きたいのに、なかなかできない。

そんな人は、「どうして自分は意志が弱いのだろう」「もっと強い意志をもちたい」と思うかもしれません。

でもそれは、あなたの意志力のせいではありません。**その「使命」が借り物だからです。**

たとえば、株やFXを熱心にやっているのにイマイチ実績が上がらず、こんな不満やグチを言う人がいます。

「自分の勉強が足りないからだ」「運がないからだ」「不況だから仕方ない」

しかし、投資で儲《もう》けることがその人の使命ではない場合、いくらやっても結果は出ないのです。要は、**やっても結果が出ないのなら、単に手を引けばいいというだけのこと**です。

その労力と資金を、自分の使命に向ければ、あなたならではの成功が手に入るのは明らかです。

当然のことながら、人はそれぞれ個性も能力も気質も違います。生まれもった生命も、その人に合った成功のスタイルも違います。

他の誰かの「成功」を自分の成功だと勘違いしているときは、「やりたい」というより「やらなきゃ」と考えます。

それは、本来の使命ではありません。意志力によってなんとか自分を駆り立てて前進しようとするので、結果が出ないばかりか、疲弊してしまいます。

自分に与えられたものではない役割を無理して生きようとしても、うまくいきません。でも、**自分が得意で心からやりたいと思うことであれば、最高のパフォーマンスが発揮できます。**そして、本来の使命を生きているときは、自分でも不思議なほどエネルギーが湧き、考えるまでもなく体が動きます。たとえば、目の前で自分の子どもが車にひかれそうになっていたら、あなたは、瞬時に飛び出して、夢中で助けようとするでしょう。「怖い」とか「自分の力では無理だ」と考える間もなく、反射的に体が動いているはずです。

このように、むりやりモチベーションを上げたり、誰かに励ましてもらったりしなくても、自分で勝手にやってしまう。**人から止められても、体が動いてしまう。**本来の使命とは、そういうものです。

その使命を生きたいから生きる。やりたくて仕方ないから、やる。そこに努力はありません。

生理現象のような感覚でやりたくなること。それが、あなたの使命です。

自分の使命を生きはじめたら、超スピーディーかつ絶妙なタイミングで人生が展開していきます。

使命を生きる人の周りには、まるで強い磁力が発生するかのようです。その人にとって必要な「人・もの・金・情報」が、自然に吸い寄せられていきます。

それもそのはず。**使命から出た言葉と上っ面の心から出た言葉では、言霊の力がまるで異なる**からです。

先日も、新事業を展開するためにピッタリの土地と建物を、奇跡的に購入できました。ありとあらゆる条件に照らし合わせてピッタリということであり、普通は出てこない物件です。仮に出てきてもそれを手に入れることができるかどうかは別問題です。しかし、なぜか、自然な形で手に入れることができたのです。

使命と出会うためにも、日々、自分自身を祓っていくことです。

自由自在な毎日に変わりはじめる

いいことも悪いことも引き受ける覚悟をして、自分の使命を生きられるようになると、毎日が自由自在な日々に変わります。

自分が現実を創造する「神」として生きるわけですから、当然のことです。

従来の成功法則を使っているうちは、自由にはなれるかもしれませんが、「自在」にはなれません。

たとえば、パソコンを使って短時間で何千万円も稼ぎながら世界を旅したり、不動産や投資で不労所得を得たりしている人は、経済面も時間も自由な生き方ができるかもしれません。しかしそれは、「自在」な生き方ではありません。

自在とはもともと仏教用語で、**あらゆる価値観や判断から解放されている**

状態をいいます。

私が見てきたところ、**十分な経済的自由を手にしても、社会的に高い評価を得ても、本人は自在でない場合がけっこうあります。**その人の精神のあり方、生き方の根本が従来の価値観から解き放たれていない限り、「自在」とはいえないのです。

「自在に生きる」とは、4次元的な価値観にとらわれず、自分で自分を押し込めている枠から解放されること。**使命を果たしつつ、思いのままに瞬間、瞬間を生きていくということ**です。

これは、実際に自分で体感してみないと実感としてわからないでしょう。「なるほどこういうことか」と思えるような、おもしろいエピソードがあります。

ヒマラヤの奥地で厳しい修行を重ね、悟りを開いた高僧たちの話です。

あるとき、チベットの高僧が中国の弾圧を逃れ、ニューヨークに亡命しました。チベットの人からは「神」とも讃《たた》えられ、尊敬を集めた高僧です。アメリカでも最大の敬意をもって迎えられた彼らが、どんな生活を送ったと思いますか？

あろうことか、現代人と同じ**物欲まみれの生活に浸ったといいます。**

聖地を出て初めて受ける刺激に、見事に反応したわけです。その状態が数年続き、チベットに帰ったあと、彼らは元のストイックな生活へと戻ったそうです。

「それで、高僧たちは悟っていたといえるのか」と疑問に思うでしょうか。

でも**彼らは悟りを得たうえで、自在に生きていたのだ**と私は思います。

誤解されがちですが、人が一度悟ったから、あるいは第五階層の意識にいったん到達したからといって、ずっとそこにいつづけるわけではありません。

高尚で神聖な意識でいるときもあれば、欲求のおもむくままに行動するときもあります。**4次元にいる限り、人は第一階層と第五階層を行き来します。**

そして、それこそ自由自在な生き方です。

自分自身がどの状態にいるかを自覚できていれば、その瞬間の心のまま、どの階層へも移動できます。それが、私たち本来の姿です。

そのような自由自在な生き方とは、「水のような生き方」といっていいかもしれません。

水は、氷、お湯、水蒸気、雨、雪、霜など、状況によって自在に姿を変えて存在しています。しかし、どんな状態であろうと水は「水」です。

また水は、頑強な岩も削れるし、どんなに汚れても再生する、変幻自在な力をもっています。

水のように思いのままに姿を変えながら、自分の本質は失わず生きる。これが、自在な生き方なのです。そして水のような生き方ができれば、一見弱そうに見えても、どんな状況も変えていける最強の生き方ができるのです。

そう、それは一見ごく普通に見えてじつは真の強さを秘めている、武道の達人のような生き方です。

いいことも悪いことも常に祓いつづけ、「ゼロ」の状態でありつづけると、この生き方が可能になります。

肩の力を抜いて体の動きに任せていれば、すんなり自分本来の成功をしていく。そう、どうせそうなっていくのです。

スピリチュアルもマテリアルも手に入れる

5次元につながる生き方は、常に品行方正で、聖人君子のような人格者を目指すこととは違います。

せっかくこの楽しい4次元に生まれてきたのです。自分の内面だけに意識を向け、精神世界にこもってしまったり、実行動がおろそかになったりしてしまうのは、本当にもったいないと私は思っています。

私自身も、自分の使命のために集中して仕事をするときもあれば、すべてを忘れてひたすら遊びに没頭するときもあります。そのときどきで、自分が夢中になれることに正直に生きているのです。

この4次元は「体験の場」です。私たちが肉体をもち、4次元で生きているのは何のためかといえば、思いきりいろいろな体験をするためです。**めいっぱいこの世を楽しんで、喜怒哀楽を体験し、そのつど祓っていく。そして、「公」のために生きる。**これが5次元につながる生き方です。

「スピリチュアル」も「マテリアル」も手に入れる。つまり、精神性を探究しつつ、この世での楽しみや喜びも思いきり堪能する。これぞ、自由自在な人生です。

そんな生き方がいまひとつピンと来ないなら、「何でもあり」の5次元の姿を想像してみてください。

5次元はすべての可能性がある場ですから、「何でもあり」の次元です。その次元とつながっている生き方も「何でもあり」の自在なものになる。これは、自然のことでしょう。

5次元は、制限も判断もない、混沌《こんとん》とした世界。だからこそ、あらゆる可能性がある世界。人間が作ったさまざまな価値観や二項対立の世界から解き放たれ、すべての可能性がある世界です。

観念的な言い方になりますが、**5次元とは「命そのもの」であり、「人間を生かしている命」**だと私は考えます。

なぜそう考えるのかというと、5次元が存在しなければ、4次元そのものが存在しないから。つまり、私たちの命を育んでいる存在が、5次元だからです。

日本語という魔法のランプをもった私たちは、その5次元の働きを思いのままに使える存在です。

どうですか。自由自在に生きる成功への道が見えてくる気がしませんか?

豊かさは天命を生きる人に必ずもたらされる

本来、この4次元において人間は「何でもあり」で生きられます。

しかしいまは、多くの人の意識がそう思っていないから、自ら制限を作っている。**無限の可能性をもった自分を枠にギュッと押し込めている。**それだけの話です。

制限のある世界で生きていると思うと、人と争ったり競ったりしないと、自分は生きられないと考えがちです。でも「何でもあり」の世界で成功し、自由自在に生きると、人を傷つけたりおとしめたりしようと思わなくなります。

「和の成功法則」で目指す「成功」とは、あなたの使命を生きること。つまり、あなたにもっとも合った適正な「成功」を手にすることです。

もしあなたにいま、自分本来の成功や使命が見えていないとしたら、今後祓詞を流し、言霊を発すると、その状況をリセットするプロセスが起きるでしょう。

そこで、**過去や現在にしがみつかず、いまもっているものをスッと手放せると、必ずつぎに突破口が見えてきます。**

そして、本当の成功への道筋がそこからのびています。

だからといって、自分自身は何もしないで、単に祓いつづけていればいいかというと、もちろんそうではありません。**自分の意志をはっきり決め、自分の体からしっかり行動に移していくことが必要不可欠です。**「覚悟」と「行動」がともなえば、あなたに最適な変化が勝手に起こってくれるのです。

いまのあなたは、大金を手に入れたり、事業で大成功して名声を得たり、人から評価を得たりすることが「成功」ではないことは、もうわかっていると思います。

成功の形は、じつに多彩です。経済的な側面や社会的な評価だけでは測れません。

たとえば事業に失敗したり、出世競争に負けたりすることで、家族や友人による支え、深い知恵や強い精神力などを得ることもあります。それは一生の宝物ですから、これもまたひとつの「成功」といえるでしょう。

どんなことであれ、**自分自身が充足感や心の平安を得られること、そして周囲に貢献できることをやり切った人。自分の人生を楽しみ、生き切ったといえる人。**

これが、使命を生きた「成功者」だと私は思います。

「そうはいっても、まずは経済的に豊かにならなければ……」と思うでしょうか。

もしあなたが、100億円稼ぐべき人であれば自然とそうなるでしょう。

あるいは、あなたの使命が地道に仕事をして、周囲に貢献しながら生きることであれば、お金では測れない別の形での成功が手に入るでしょう。

しかし、心配しないでください。どんな場合であっても、**自分の使命を生きてさえいれば、あなたがやりたいことをやるだけの豊かさは必ず入ってきます。**

自分の使命を人と比べて卑下する必要もなければ、傲慢になる必要もありません。

極言すれば、「この4次元は自分の使命を果たしながら、おもしろおかしく生きられる世界だ」と体感できたのなら、その人生は大成功なのです。

自由自在に鳥が舞うように成功していく

日々すべてを祓いながら言霊を発していくとき、そこに力みは一切ありません。執着や不安もありません。

自分は成功することを「知っている」。「どうせ、そうなる」とわかっているから、**どこにも力を入れず自由自在に生きられる。**これが、あなたがこれから手にする生き方です。

「いまはまだ、そんな生き方は想像できない」「やはり、がんばらなければ成功は手にできないだろう」という懸念も、あなたの中にはまだ少し残っているかもしれませんね。

でも、力を入れないほうがうまくいくし、**がんばらないほうが物事はスムーズに進みます。**

空を飛ぶ鳥を見てください。雀《すずめ》やウグイスなどの小鳥は、羽根を一生懸命バタバタさせて飛んでいます。力の限り飛んでいるのに、さほど高くは飛べません。少しでも羽根を動かすのをやめると、スーッと下降していきます。

低空飛行を続けながら必死で生きている姿は、どこかいじらしさを感じさせるものです。

でもその上空に目をやると、トンビやタカなどの猛禽類《もうきんるい》が、雄々しい姿で悠々と大空を舞っています。

彼らは自分の翼をほとんど動かしてはいません。なのに、楽々と自在に空を飛び回っています。それは、**トンビやタカが上手に風をつかまえているからです。**

天高く舞っている鳥は、ときどき地上の獲物を目がけてヒューッと舞い降りてはつかまえ、再び舞い上がります。そしてまた、心のおもむくままに空を飛ぶ。その繰り返しです。

まったくがんばっていないし、力も入れていません。他の鳥と自分を比べることもなく、競争することもありません。

これからの人生で、あなたはどちらの生き方をしたいでしょうか？　よそから借りてきた目標に向かって必死で努力する生き方では、残念ながら低空飛行が続く可能性が大きいでしょう。

でも、**日々祓いつづけ言霊を発していくと、自分自身の使命が見つかり、「公」のために本領を発揮できます。**

そうすればあなたは、自分を天空高く押し上げてくれる風に乗れるでしょう。

悠然と翼を広げて飛ぶ鳥のように、「和の成功法則」を使って人生という大空を高く舞い、思う存分自由自在に生き切ってください。

エピローグ　日本にしかない「祓い」が世界を救う

◆祓いに始まり祓いに終わる

最後までお読みいただき、ありがとうございます。

「和の成功法則」がいかなるものであるか、その一端なりともご理解いただければうれしく思います。

これまでお伝えしてきましたように、ポイントは「祓《はら》い」と「言霊《ことだま》」にあります。別の言い方をすれば、それは**「心を透明にしてそこから意志を発する」という単純なものです。**

そのようにできれば、体の動きは自然とそれについてきます。逆に体が動かないようであれば、それは本物の意志ではないといえます。

そのために使命を生きることの大切さも説かせていただきました。

これらが整うと、「和」（結び）の力が働き、現実化がどんどん起きてくると。

こうしてみると、この「和の成功法則」は「祓い」を除けば、あとは「西洋の成功法則」とほとんど同じであることがわかります。

けれども、**この「祓い」という概念は日本にしかありません。**

仏教では「空《くう》」という世界をある種の目標にしますが、神道ではそこがスタートラインになるのです。

「祓い」により「空」になり、そこから「言霊」を発することで現実を創造する。それができればその人は「神」だといえます。

「祓い」の道は奥が深く、白川神道では「祓いに始まり祓いに終わる」といわれますが、どんなに祓い切っても本来の自分が失われることはありません。

むしろ、自分の姿かたちがすべて消え失《う》せた「空」の世界にこそ、本当の自分があるともいえます。

◆現代社会の行き詰まりの原因「ゴミ」を祓う

現代社会の行き詰まりの原因はいったいどこにあるのでしょう。これだけ便利になって、これだけ豊かになったのに。

答えは簡単です。私たちはゴミを詰め込みすぎました。あまりにも詰め込みすぎて、**大切なものとゴミとの区別もつかなくなっている**のです。

そのゴミとは「情報」であり、それに付随したさまざまな思考や感情です。それは古代からわかっていたことでした。ですから「祓い」というものが日本に存在したのです。

ただし、現代は平安時代ではありません。その情報量の多さからすでにアナログのやり方では間に合わなくなっています。

正しく唱えるのに最低でも3か月はかかるお祓いを、デジタル化し音源として封じ込めたのにはそのようなわけがあります。

爆発的に増えるゴミを処理するためには、常に最新のコンピュータが必要になります。

◆さあ、使命を思い出し、本当の自分と出会ってください

最後に、**「和の成功法則」というメソッドを一緒に生みだし、誰よりも実践している**石﨑絢一さんからお預かりしているメッセージをお伝えします。

みなさん、「祓い」と「言霊」の世界はいかがでしたでしょうか？

祓いの概念は、近年当たり前のようになってきている「潜在意識のクリ

ーニング」や「断捨離」「掃除の力」などの考え方にも通じるところがあります。言霊は自分の意志を創造意志が働く領域（本書では5次元と表現）から発することで、適切な現象化を発現せしめる「アラジンの魔法のランプ」のようなものだともいえます。

僕はいま、複数の会社経営者やビジネスオーナーとして、この次元（4次元界）を生き切っている実感があります。以前は常に、「もっともっと」と何かに追われ、あらゆるものを手に入れてもすぐに渇望感が生じ、まるで何かに自分の人生が操られているような日々を過ごしていたようにも思えます。

しかし、「祓い」「鎮魂」「言霊」を学び実践することで、僕の意識は臨界点（クリティカルポイント）を迎え、人生の展開や現れ出る現象が変わっていきました。

とにかくシンクロニシティが頻繁に起きます。

先日もある中国人実業家に僕のグループ会社の社長を紹介したいと思っていたところ、その中国人実業家たちとのミーティング場所に入ったら、そこになぜかその社長がいたり、宮古島にあるビジネスの視察に向かったところ、最適な物件が手に入ったり、偶然にも僕たちと仕事を一緒にしている人が他の集いで同じホテルに泊まっていたりと、シンクロニシティが頻繁に何度も起きています。

あまりにもこのようなことが多いため、いまの僕はよけいな理屈など考えずに、意図することは、「どうせそうなる」「どうせ実現する」と思えてしまうのです。そして事実そうなっています。

「和の成功法則」は本当に効果があるのかな……と思われる方も多いと思いますが、この学びと実践は、人生で成功を求める多くの「日本人」「日本語族」にとってファイナルアンサー（最終回答）となることを疑いません。

ぜひ、「和の成功法則」の実践で自由自在の人生を送ってください。最新情報は、「和の成功法則」の公式サイトより発信しています。

興味をもたれた方は、この扉をお開けください。

いかがでしょうか。

石﨑さんはビジネスを実践するかたわら、「神経言語プログラミング」から、ケン・ウィルバーの思想まで、現代人に定評のある、ありとあらゆる学びを実践されてきました。そうしたすべての教えから西洋の成功法則の限界を悟り、この「和」の世界に出会ったのです。

この「和の成功法則」のプロジェクトを2015年にスタートできたのは、こうした教えの公開にありがちな、外部からの妬みや批判を一身に引き受けてくださった石﨑さんのおかげです。

石﨑さんの使命からの行動なくして、本書が世に出ることはなかったでしょう。

その石﨑さんはじめ、この貴重な教えを伝えてくださった七沢賢治先生、「和の成功法則」を世に広めてくれた名プロデューサー柳田厚志さん、本書を手がけてくれたサンマーク出版編集部金子尚美さん、および本書に関わっていただいたすべてのみな様にこの場を借りて、心より御礼申し上げます。

最後に、本書をお読みのみなさんには、ぜひ「祓い」の恩恵を受けていただきたいと思います。きっと使命を思い出し、これまでフタをしていた本当の自分に出会うことでしょう。これから「和」の叡智《えいち》が世界中に広がることを確信して。

小野寺 潤

本書は二〇一六年八月に小社より刊行された単行本の表記や表現などを一部改訂したものです。

また、刊行当時ペンネームであった著者名をこのほど本名に変更しました。

本文中の肩書き・データなどは刊行当時のものです。

サンマーク文庫

あなたの人生に奇跡をもたらす 和の成功法則

2023年4月10日　初版印刷
2023年4月20日　初版発行

著者　小野寺 潤
発行人　黒川精一
発行所　株式会社サンマーク出版
東京都新宿区北新宿2-21-1
電話 03-5348-7800

フォーマットデザイン　重原 隆
本文DTP　山中 央
印刷・製本　共同印刷株式会社

落丁·乱丁本はお取り替えいたします。
定価はカバーに表示してあります。

ISBN978-4-7631-6140-6　C0130

ホームページ　https://www.sunmark.co.jp